Peter Lauster
Menschenkenntnis

Peter Lauster

Menschen-
kenntnis

Körpersprache, Mimik und Verhalten

ECON

Sonderausgabe der aktualisierten Neuauflage
20. Auflage 1995
Copyright © 1985 by ECON Verlag GmbH, Düsseldorf.
Alle Rechte der Verbreitung, auch durch Film, Funk und Fernsehen,
fotomechanische Wiedergabe, Tonträger jeder Art,
auszugsweisen Nachdruck oder Einspeicherung und Rückgewinnung
in Datenverarbeitungsanlagen aller Art, sind vorbehalten.
Gesetzt aus der Helvetica der Fa. Linotype GmbH
Satz: ICS Computersatz GmbH, Bergisch Gladbach
Layout: Helmut Langer
Illustrationen: Marina Langer-Rosa u. a.
Papier: Papierfabrik Schleipen GmbH, Bad Dürkheim
Druck und Bindearbeiten: Pustet, Regensburg
Printed in Germany
ISBN 3-430-15897-4

Inhalt

Vorwort

Wissen Sie, was Mimik, Gestik und Sprechweise eines Menschen bedeuten? Kann man Intelligenz an bestimmten Ausdrucksmerkmalen erkennen? Mit welchen Statussymbolen versuchen Menschen, aufeinander Eindruck zu machen? Welche Vorurteile stehen einer objektiven Beurteilung des Mitmenschen im Wege? Das ist nur eine kleine Auswahl von Fragen, die dieses Buch beantworten möchte. Die Lektüre soll Ihnen helfen, die »intuitive Menschenkenntnis«, die jeder mehr oder weniger besitzt, durch Informationen der wissenschaftlichen Psychologie zu bereichern − denn Sie können von Forschungsergebnissen und Experimenten der Wissenschaftler profitieren.

Das Buch vermittelt in zwei Teilen einen Überblick über Verhalten und Reaktionsweisen des Menschen. Im ersten Teil wird dargestellt, wie sich das Seelenleben nach außen hin zeigt, in der Mimik, Körpersprache, Stimme, Sprechweise, Handschrift und im Körperbau. Im zweiten Teil wird versucht, die innere Struktur des Seelischen anhand verschiedener Persönlichkeitsmodelle, die die Psychologie in den letzten achtzig Jahren entworfen hat, darzustellen.

Die Absicht des Buches liegt vor allem darin, dem Leser die Intentionen und das Ausdrucksverhalten der Mitmenschen besser verständlich zu machen.

Verständnis erzeugt ein Klima des besseren Kontakts und verhindert aggressives Verhalten, denn genauere Menschenkenntnis macht das Zusammenleben friedlicher und harmonischer. Die wissenschaftlichen Erkenntnisse der Psychologie sollten deshalb eine große Verbreitung finden damit jeder gleiche Chancen für das Verständnis seiner Mitmenschen und für sein eigenes Selbstverständnis besitzt.

Bei der Durchsicht und Aktualisierung dieses Buches (die erste Auflage ist 1973 erschienen) stellte ich fest, daß sich das Buch vor allem gut als ein »Einstieg« in die psychologische Menschenkenntnis eignet, also ein weitgespanntes Grundlagenwissen dem Interessierten vermitteln kann.

Peter Lauster, im März 1985

9

Erster Teil:
Der Ausdruck des Menschen

Angeborenes Ausdrucksverhalten

Ist das Ausdrucksverhalten im genetischen Code festgelegt? Zeigt der Mensch arttypische Reaktionsweisen, die von Geburt an da sind, ohne gelernt zu werden? Die Verhaltensforscher haben festgestellt, daß Tiere in starkem Ausmaß nach vererbten Regeln handeln. Wie frei ist dagegen der Mensch?

An neugeborenen Babys wurde untersucht, welche Verhaltensweisen der Säugling schon mit auf die Welt bringt. Angeboren ist beispielsweise das richtige Zusammenspiel von Atmen und Schlucken beim Trinken an der Mutterbrust. Auch Lachen und Weinen sind angeboren. Der Beweis sind taubblinde Kinder, die in ewiger Nacht und Stille heranwachsen und Lachen und Weinen weder hören noch sehen. Auch sie lachen und weinen wie jeder normale Mensch. Bei Ärger ziehen sie senkrechte Zornesfalten, denn der Mensch besitzt eine elementare, angeborene Mimik, die auf Verständigung angelegt ist.

Taubblindes neunjähriges Mädchen lächelt und weint. Ein Beweis für die angeborenen, elementaren Ausdrucksbewegungen

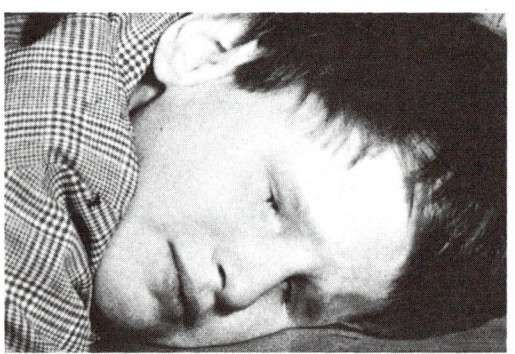

ausgeglichen

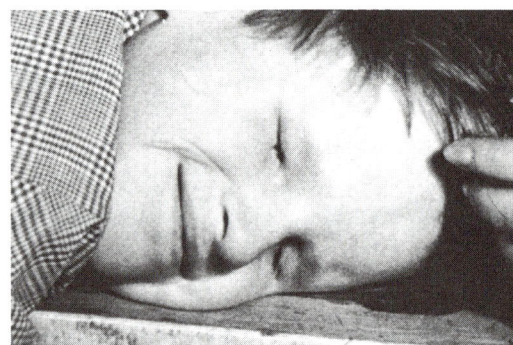

lächelnd

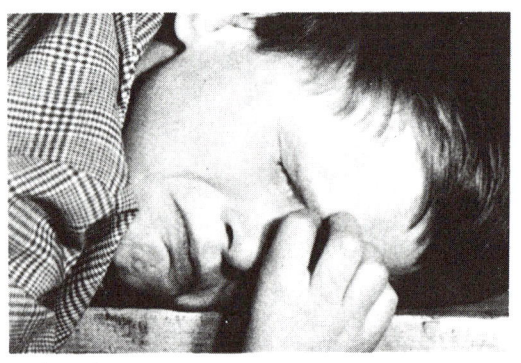

weinend

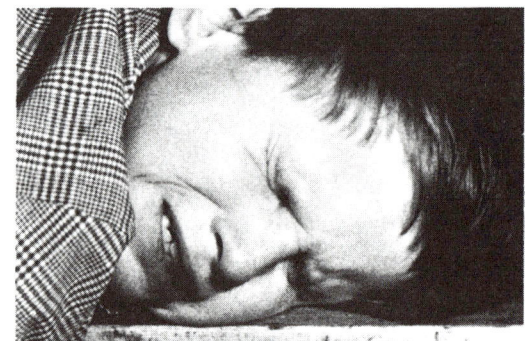

weinend

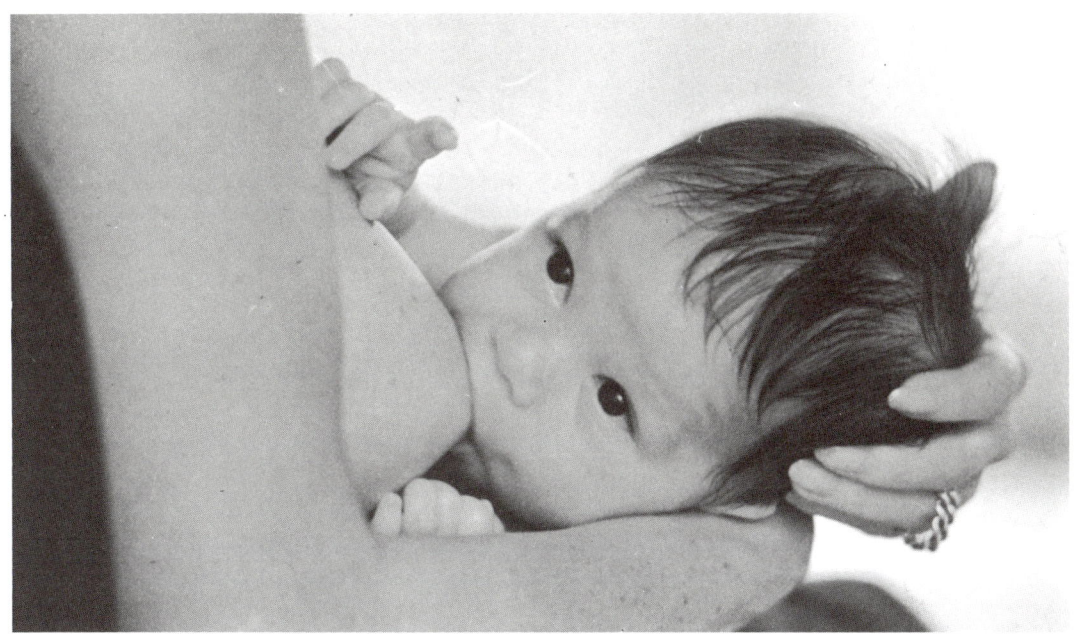

Auch das Saugen an der Mutterbrust muß nicht gelernt werden, sondern ist ererbt

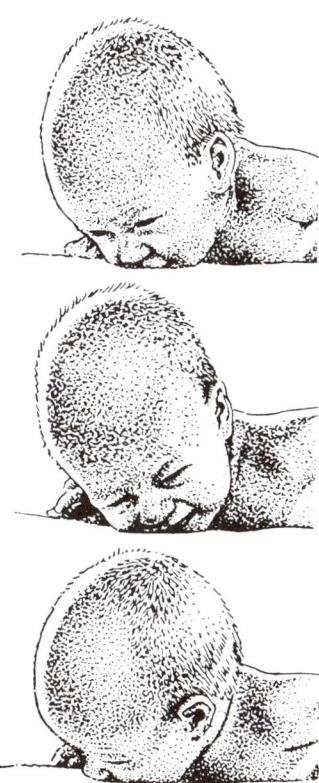

Angeborener Suchmechanismus des Säuglings nach der Brustwarze

Vier Phasen des freundlichen Grußes (Augengruß)

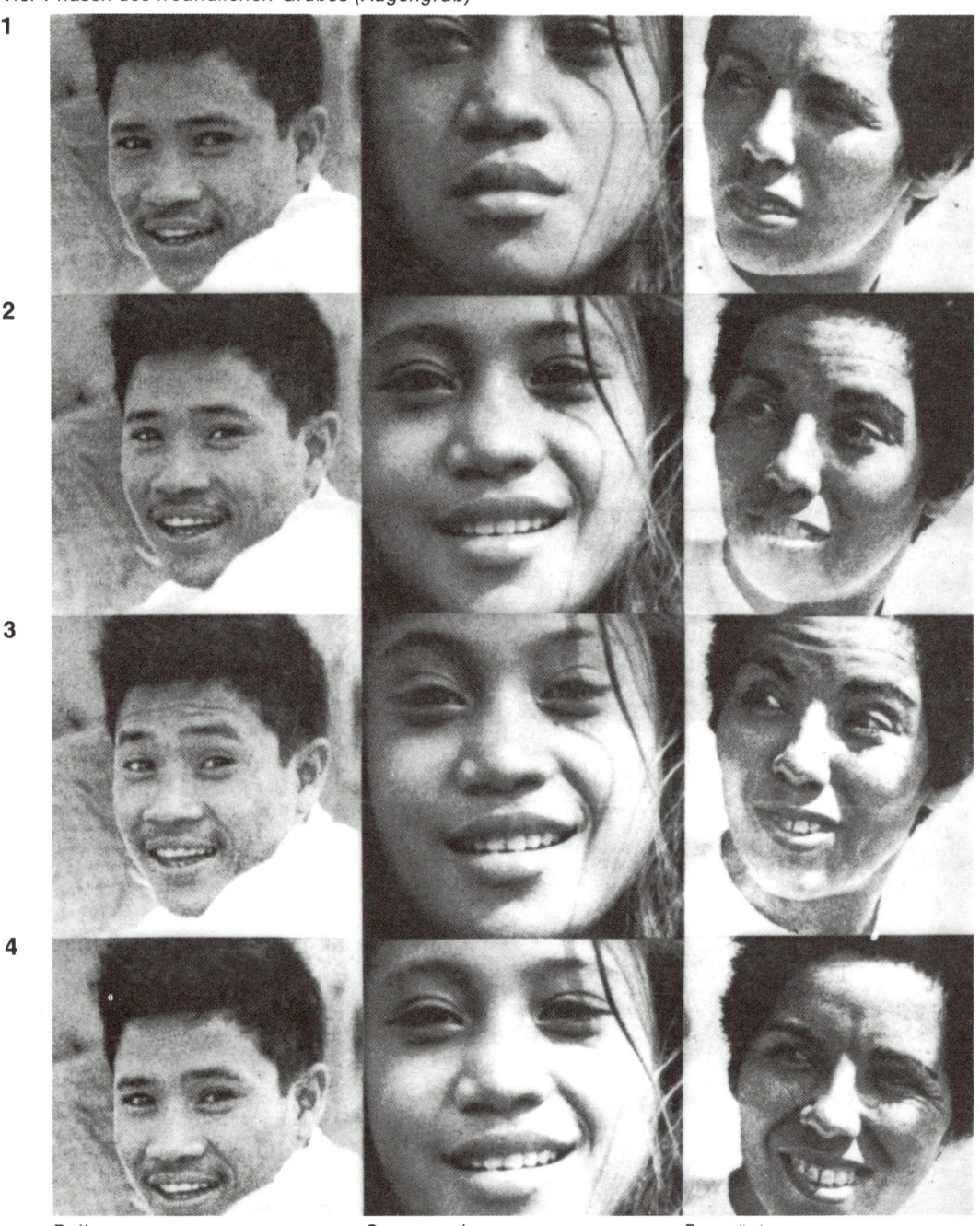

Balinese   Samoanerin   Französin

14

Der deutsche Verhaltensforscher Irenäus Eibl-Eibesfeldt hat festgestellt, daß elementare Ausdrucksbewegungen in allen Kulturen gleich auftreten. Beim freundlichen Grüßen wird zum Beispiel gelächelt und leicht genickt; dann werden in etwa einer Sechstelsekunde beide Augenbrauen gehoben (Augengruß).

Der Augengruß bedeutet die Bejahung des sozialen Kontaktes. Frauen färben die Partie unter den Brauen und über dem Augenlid mit gutem Grund. Beim Brauenheben erhält diese bläulich oder grünlich scheinende Fläche dann eine

Zwei Schimpansen begrüßen sich mit einem Kuß

besondere Größe und Wirksamkeit. Der Augengruß ist beim Flirten von Bedeutung, er ist ein Signal für die positive Bereitschaft zur Aufnahme des Kontakts.

Die Verhaltensforscher glauben, daß auch Umarmungen und der Kuß bei der Begrüßung angeborene Ausdrucksmittel sind.

Ein Säugling kann, ohne es gelernt zu haben, saugen, sich anklammern, lächeln und schreien. Professor Eibl-Eibesfeldt: »Auch schwer hirngeschädigte Kinder, denen man mit größter Mühe nicht beibringt, wie man einen Löffel zum Mund führt, lächeln, lachen und weinen.«

Auch die Mimik der Verlegenheit ist angeboren. Einem *blinden* Mädchen machte der Verhaltensforscher Eibl-Eibesfeldt ein Kompliment. Es errötete, wendete ihm kurz das Gesicht zu und senkte den Blick. Dieser Verlegenheitsausdruck kann nicht durch Nachahmung

gelernt sein, weil das Mädchen ja blind war.

Sehr wahrscheinlich ist auch der Drohausdruck angeboren. Die Arme werden einwärts gerollt und die Schultern gehoben. Die Haare an Armen, Rücken und Schultern richten sich auf. Man verspürt dabei einen leichten Schauer. Menschen, die durch bedrohliche Signale

Die Betonung der Schultern in verschiedenen Kulturen als Machtdemonstration

Waika-Indianer

Japanischer Kabuki-Schauspieler

Alexander II. von Rußland

den Ausdruck der Macht und Einschüchterung erzielen wollen, betonen aus diesem Grund ihre Schultern.

Beim Drohen werden die Zähne gezeigt. In diesem mimischen Verhalten sind Menschen von Pavianen gar nicht so weit entfernt.

Ein wütender Mandrill zeigt in gleicher Weise die Zähne wie ein europäisches Mädchen, um seine Wut auszudrücken. Das Zähnezeigen ist ein angeborenes Ausdrucksmittel

Der Ausdruck des Flirtens

Typisch für den Ausdruck des Flirtenden ist die Zuwendung (Blickkontakt) und die anschließende schnelle Abwendung (Kopfsenken, Lidschluß oder Wegsehen). Danach wird der Blickkontakt jedoch erneut aufgenommen.

Flirtendes Samburu-Mädchen in drei Phasen des Flirts: Blickkontakt, Lidschluß, Wegsehen und neuer Blickkontakt. Die Hand verdeckt verschämt den lächelnden Mund

17

Die drei Möglichkeiten des Flirts

○ Blickkontakt, Lächeln, Kopfsenken mit Lidschluß.
○ Blickkontakt, Lidschluß, Wegsehen.
○ Blickkontakt, Wegsehen, verschämt den Mund oder die Augen hinter der Hand verstecken.

Bei Verlegenheit wird das Gesicht ganz oder teilweise verdeckt.

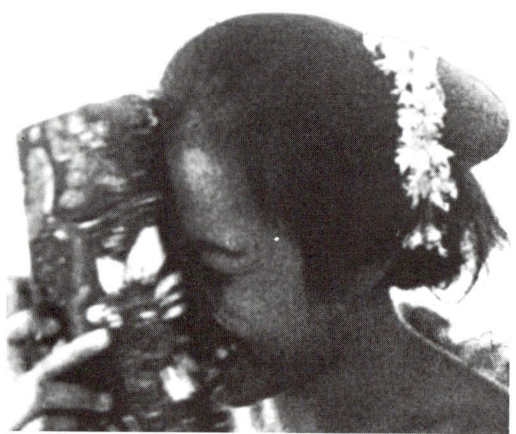

Die Gestik der Verlegenheit bei einer Balinesin. Sie verdeckt das Gesicht als Reaktion auf ein Kompliment

Zum Flirten gehört auch das Züngeln, ein kurzes Vorstrecken der Zunge, eventuell mit kurzer Leckbewegung in der Luft. Auch Naturvölker flirten auf diese Weise.

Ein flirtender Waika-Indianer

Hildegard Knef

Senta Berger

Ira zu Fürstenberg

Monika Peitsch und Helmut Förnbacher

Für den englischen Zoologen Desmond Morris ist das Züngeln weniger ein erotisches Signal, sondern mehr eine »Übersprungshandlung«. Unter diesem Fachwort verstehen die Verhaltensforscher Handlungen, die sinnlos sind. Wer sich nicht für eine eindeutige Verhaltensweise entscheiden kann, befindet sich in einem inneren Konflikt, er macht weder das eine noch das andere und kratzt sich dann am Kopf, zupft am Ohrläppchen, poliert seine Fingernägel oder spielt mit der Zungenspitze zwischen den Lippen. Diese Übersprungshandlungen geschehen unbewußt. Sie dienen dem Zweck, nervöse Spannungen zu lösen und »Dampf abzulassen«.

Vermutlich haben beide Theorien recht. Einmal dient das Züngeln zum Flirten, zum anderen in Konfliktsituationen als spannungsreduzierende Übersprungshandlung.

Die erotische Anziehung zwischen Mann und Frau kann noch an anderen körperlichen Signalen erkannt werden. Bei einer ersten Begegnung, bei der beide Personen sich voneinander angezogen fühlen, gibt es eine Reihe unterbewußter Veränderungen, die einem Menschenkenner sagen, daß »hier sich etwas anbahnt«.

Erotische Anziehung geschieht auf emotionaler Ebene in unbewußter Weise. Es ist psychologisch interessant, warum eine Person gerade diesen Menschen erotisch »aufheizt«, dagegen einen anderen »kalt« läßt. Hier spielen tiefenpsychologische Vorgänge eine Rolle, die bis in Erlebnisse der Kindheit zurückreichen. Diese schwierigen Hintergründe beschäftigen uns hier jedoch weniger; vielmehr geht es um die Frage, wie man im Alltag erkennen kann, ob sich ein anderer für mich interessiert, ob er sich angezogen fühlt und dezent mit mir zu flirten beginnt.

Nicht immer zeigt sich das erotische Angesprochensein so deutlich im Züngeln — wie auf den Abbildungen — oder in einem gut erkennbaren verschämten Wegsehen, wie das vor allem bei Naturvölkern noch ungehemmt zum Ausdruck kommt. Die meisten Menschen versuchen, ihre Gefühle zu beherrschen und ihren Gesichts- und Körperausdruck zu kontrollieren, um den Mitmenschen möglichst keine Signale der eigenen Gefühle zu zeigen. Mimik und Gestik sind deshalb beim »zivilisierten« Menschen oft nicht gelockert und impulsiv, sondern leicht angespannt und verkrampft. Dies wird um so deutlicher, wenn ein Gefühl versteckt werden soll. Deshalb kann

auch ein leicht verkrampftes Verhalten ein Zeichen für Flirtbereitschaft sein. Ja, sogar leicht aggressives Verhalten kann ein Versuch sein, das Interesse am anderen zu kaschieren und herunterzuspielen, um sich »cool« zu geben.

Da jedoch erotische Anziehung ein sehr elementarer seelischer Vorgang ist, läßt er sich nur schwer ganz verbergen. Einige Körpersignale geschehen in unbewußter Weise, so daß der Körperausdruck die Wahrheit sagt und zynische oder schnippische Bemerkungen im Gespräch nur als Vortäuschung von Distanz erkannt werden können.

Untrügliche Zeichen der Anziehung sind zum Beispiel eine verstärkte Straffheit der Körperhaltung. Die Augen glänzen stärker, und der Blick sucht leicht unruhig immer wieder einen Augenkontakt, um dann blitzschnell wieder wegzusehen. Die Gesichtshaut kann rötlicher oder bleicher werden, meist jedoch rötlicher. Durch den Widerstreit zwischen Gefühl und Selbstbeherrschung kann die Errötung auch explosionsartig auftreten, was dem Betroffenen dann meist überaus peinlich ist und zu dem schwer mit Worten beschreibbaren Gesichtsausdruck der »Verwirrtheit« führt.

Es zeigt sich auch ein sogenanntes »Putzverhalten« (der Ausdruck stammt von dem amerikanischen Psychologen Scheflen). Mit der Hand wird der Sitz der Frisur abgetastet und das Kleid oder die Krawatte zurechtgezupft. Die Bewegungen werden unruhiger, wobei die gesamte Aufmerksamkeit und Wachheit gesteigert ist. Zuvor vorhandene Müdigkeit und Schlaffheit der Gesichtszüge sind plötzlich verschwunden. Die Gesichtszüge werden offener und optimistischer. Das Lebensgefühl wird insgesamt »gehobener«, und die Gesprächigkeit wächst, wobei der Blick immer wieder prüft, ob der Partner des Flirt-Interesses einen bemerkt oder gar beobachtet. Ist dies der Fall, wird der Mutigere der beiden zuerst ein Lächeln beim Blickkontakt »aussenden« und der andere leicht verschämt zurücklächeln oder gespielt arrogant wegsehen, je nach seiner momentanen psychischen Verfassung und Spielbereitschaft. Denn Flirten ist auch ein reizvolles Spiel, bei dem ausprobiert wird, wie man wirkt und welche Reaktionen man beim anderen auslösen kann.

Warum Babys so niedlich sind

Babys und kleine, junge Tiere besitzen ein »gewisses Etwas«, das sie unwiderstehlich süß wirken läßt. Der Verhaltensforscher Konrad Lorenz hat dieses Phänomen wissenschaftlich untersucht und festgestellt, daß bestimmte optische Merkmale beim Menschen Beschützer-Reaktionen auslösen. Lorenz war der Überzeugung, daß diese Reaktionen auf optische Babysignale *angeboren* sind. Die Verhaltensforschung spricht deshalb von einem »angeborenen, auslösenden Mechanismus« oder kurz vom AAM.

Konrad Lorenz beschrieb 1950 die optischen Signale des AAM so: »Relativ großer Kopf, Überwiegen des Hirnschädels, großes, tief unten gelegenes Auge, stark vorgewölbte Wangenpartie, dicke, kurze Extremitäten, prall elastische Konsistenz und täppische Bewegungsweise sind die Hauptmerkmale, die durchaus nach den Gesetzen des Reizsummenphänomens ein Kindchen oder auch eine ›Attrappe‹, wie eine Puppe oder ein Tier, ›niedlich‹ oder ›herzig‹ erscheinen lassen. Insbesondere die Produkte der Puppenindustrie, die ganz buchstäblich Ergebnisse auf breitester Basis angestellter Attrappenversuche sind, aber auch die Tierformen, die von kinderlosen Frauen als Ersatzobjekt ihres Brutpflegetriebes herangezogen werden, wie der Mops oder der Pekinese, lassen diese Merkmale in klarer Weise abstrahieren.«

Die Grafik zeigt in der linken Spalte das Kindchenschema und im Vergleich dazu den erwachsenen Mann und erwachsene Tiere, die keine Kindchensignale besitzen.

Nach der Babyzeit, wenn das Kind zu laufen beginnt, verstärken sich die Merkmale des Kindchenschemas noch. Der Grund könnte darin liegen, daß das Kind die Nähe der Mutter zu verlassen beginnt und dadurch stärker gefährdet ist. Die Natur verstärkt deshalb die »Geheimwaffe« des süßen und herzigen Ausdrucks.

Auf diese Weise wird erreicht, daß fremde Personen beim Anblick des Kleinkinds milde gestimmt werden und mit schützenden Brutpflegereaktionen reagieren. Das Kindchenschema erfüllt also einen *biologisch wichtigen Zweck.* Weil Kleinkinder den Feindseligkeiten anderer Menschen hilflos ausgeliefert wären, sind sie durch ihr Aussehen geschützt. Man kann bei ihrem Anblick nicht böse sein. Der Charme des optischen Ausdrucks entwaffnet die Erwachsenen.

Puppen mit übertriebenem Kindchenschema

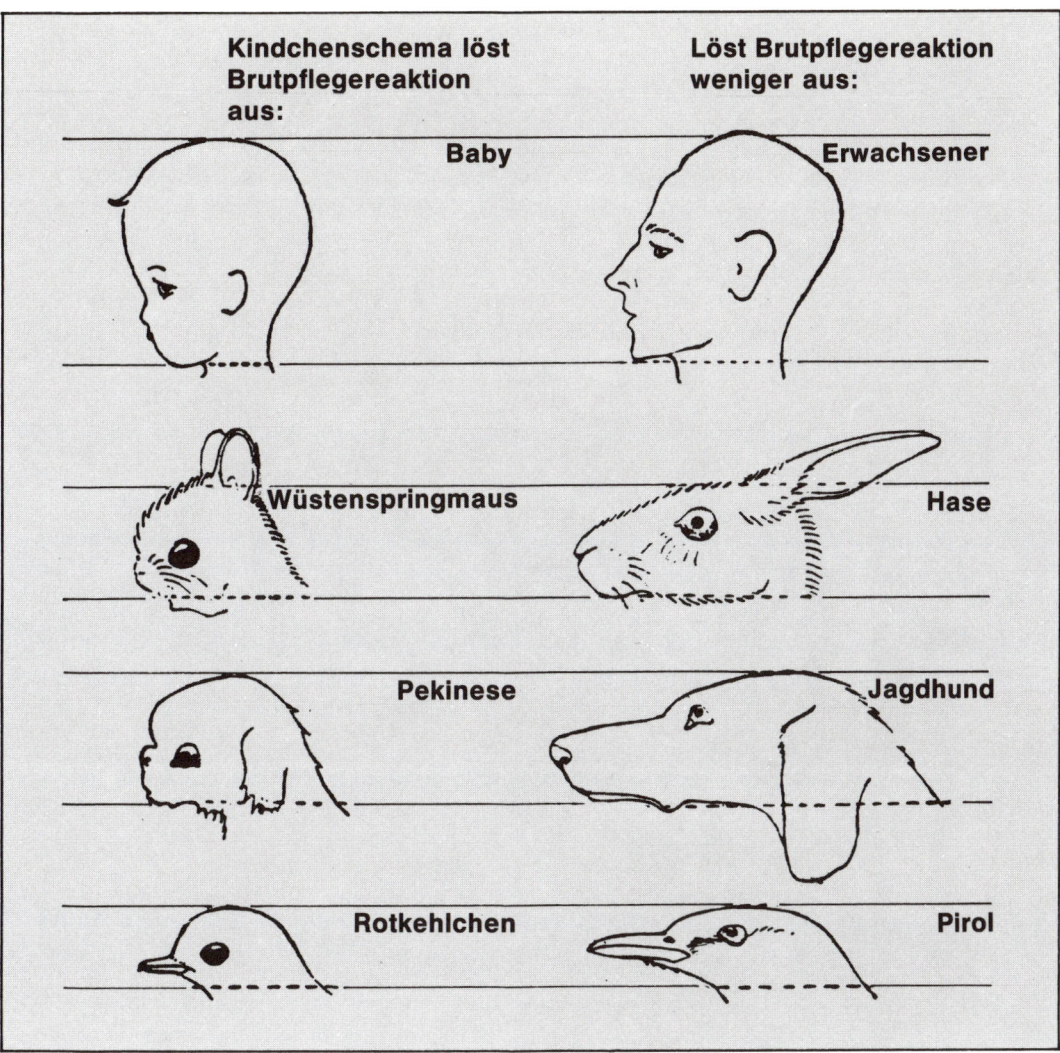

Kindchenschema löst Brutpflegereaktion aus:

Baby

Wüstenspringmaus

Pekinese

Rotkehlchen

Löst Brutpflegereaktion weniger aus:

Erwachsener

Hase

Jagdhund

Pirol

*Der Erfolg von Walt Disneys Bambi liegt im
gesteigerten Reiz des Kindchenschemas*

Das weibliche Kindchenschema

Mädchen und Frauen besitzen mehr körperliche Kindchensignale als Männer. Die Stirn ist beispielsweise etwas gewölbter, die Wangen sind rundlicher, und das Gesicht wirkt insgesamt zierlicher.

Weiblicher Kindchen-Appeal in einer Karikatur

Der Kindchen-Appeal löst Hilfsbereitschaft aus. Deshalb betteln Kinder mit ihrem noch kleineren Geschwisterchen. Das größere Kind streckt die Hand seines Geschwisterchens vor und bettelt so über die Hand des kleineren. Diese Geste wirkt auf Touristen und ist für die Eltern, die ihre Kinder gezielt auf Betteltour schicken, ein einträgliches Geschäft.

Bettelnde Massai-Kinder. Das ältere Kind bettelt über den Appell an das Kindchenschema des jüngeren Kindes

Oft betteln auch Mütter mit einem Kleinkind auf dem Arm, um über diesen »angeborenen Auslösemechanismus« der Hilfsbereitschaft Geld zu erhalten.

Durch Schminke werden Kindchenmerkmale betont, der Mund etwa wird als süßer Saugmund gemalt. Der Prototyp des Kindweibs war beispielsweise Brigitte Bardot.

Je kindlicher eine Frau erscheint, um so stärker wird im Mann das Bedürfnis angesprochen, Schutz und Geborgenheit zu geben. Deshalb setzen Frauen Kindchensignale oft bewußt oder auch unbewußt ein, wenn sie sich schminken.

Die Wirkung des Ausdrucks

Ausdruckswirkungen (die einen bestimmten »Eindruck« hinterlassen) gehen nicht nur vom Menschen, sondern auch von Gegenständen aus. Ein Beispiel, mit dem der Psychologe Wolfgang Köhler experimentierte, soll demonstrieren, welchen Eindruck einfache geometrische Figuren machen können.

Der Ausdruck von Strichzeichnungen wurde von der Psychologin Maria Hippius untersucht. Die Abbildungen zeigen, wie die Gefühle toller Übermut, tiefe innige Freude, wilder Schmerz, nagender Kummer, Sehnsucht und Haß von den Testpersonen in einem Experiment dargestellt wurden.

Die Ausdruckswirkung abstrakter Kunst basiert auf diesen elementaren optischen Symbolen.

Figur 1

Figur 2

Schauen Sie sich die beiden Figuren einmal genau an, und überlegen Sie dann, welchen Namen sie haben könnten. Kreuzen Sie den passenden Namen an.

☐ Figur 1 heißt Takete
☐ Figur 1 heißt Maluma

☐ Figur 2 heißt Maluma
☐ Figur 2 heißt Takete

Mit sehr großer Wahrscheinlichkeit haben Sie spontan folgende Namen angekreuzt: Figur 1 = Maluma, Figur 2 = Takete.

Es besteht ein Zusammenhang zwischen den runden Formen und dem Wortklang Maluma sowie der spitzen Form und dem härteren Klang Takete.

Den Formen werden sogar Charaktereigenschaften gegeben. Die runde Form ist weich, gutmütig, behäbig und dynamisch. Optische Formen wirken also ganz ursprünglich auf unser Gemüt und rufen gesetzmäßig bestimmte Eindrücke und Stimmungen hervor.

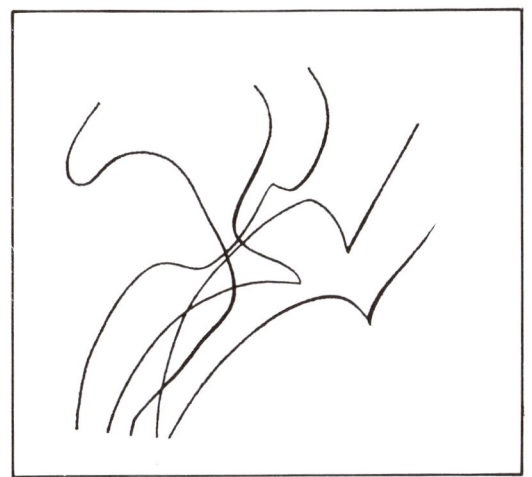

Toller Übermut

Nagender Kummer

Tiefe innige Freude

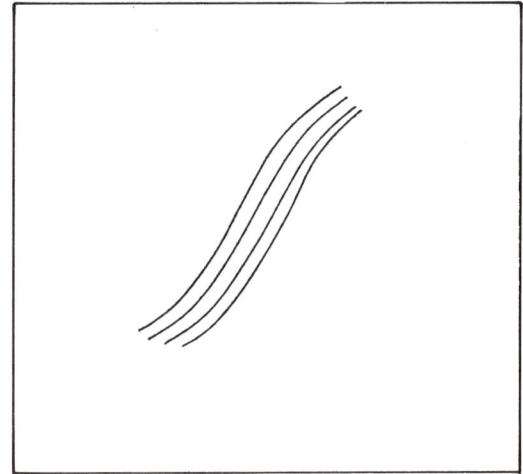

Sehnsucht

Wilder Schmerz

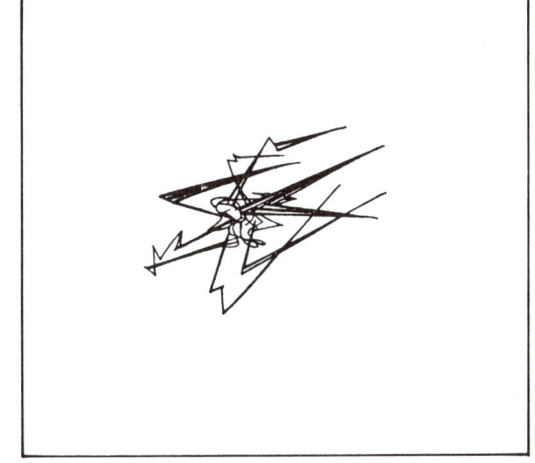

Haß

Die Wirkung von Gesichtern

Am Psychologischen Institut der Wiener Universität hat Elfriede Kühnel die Merkmale von Gesichtern und ihre Ausdruckswirkung untersucht. Die abgebildeten Porträts stammen aus diesen Untersuchungen.

Gesichter rufen einen *Eindruck* hervor. Das heißt nicht, daß Menschen die ihnen zugeschriebenen Eigenschaften auch tatsächlich besitzen. Jedes Gesicht besitzt ein Image. Darüber Bescheid zu wissen ist im Alltag durchaus nützlich; man sollte zum Beispiel bei einer Bewerbung kein Porträtfoto mit ungünstiger Image-Ausstrahlung einsenden, weil sich Personalchefs sonst spontan ein *negatives Vorurteil* bilden.

Augenbrauen haben nach den Untersuchungen von Margarete Kremanak folgende Wirkungen:

Seitlich hochgezogene Brauen bei engem Abstand = böse, introvertiert.

Gewölbte Brauen bei weitem Abstand = unintelligent, extravertiert.

Der Mundform kommt nach Untersuchungen von Maria Winkler die größte Ausdruckswirkung zu.

Breite Mundspalte, Mundwinkel abwärts = bösartig.

Schmale Mundspalte, Mundwinkel abwärts = introvertiert.

Breite Mundspalte, Mundwinkel aufwärts = leichtsinnig.

Die Ausdruckswirkung des Haaransatzes wurde von Liesl Seiller getestet.

Tiefer Haaransatz = unintelligent, böse, unsympathisch.

Höher Haaransatz — intelligent, gut.

Bartlose Gesichter werden für intelligenter, gutmütiger und energischer gehalten als bärtige Gesichter. Bei diesen Untersuchungsergebnissen spielt allerdings auch der Zeitgeschmack und die

Mode eine Rolle. Die Untersuchungen zeigen, daß bestimmte Einzelmerkmale des Gesichts immer wieder die gleiche Ausdruckswirkung haben. *Auf solchen Ausdruckswirkungen basieren oft Vorurteile.*

Acht getestete Ausdruckswirkungen

offen

verschlossen

unintelligent

*heiter
energielos*

böse

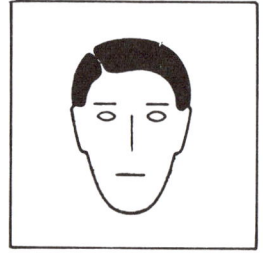

*schön
gut
intelligent
sympathisch*

energisch

traurig

Die wichtigsten Einzelmerkmale nach verschiedenen Untersuchungen

Wirkung		Merkmale
schön	=	mittlere bis hohe Stirn, Augen und Mund in Mittellage
häßlich	=	niedere Stirn, hängender Schnurrbart, langes Gesicht, Mund tief, Augen hoch und eng, runde Brauen
sympathisch	=	gerader Mund in normaler Stellung, mittelhohe Stirn
unsympathisch	=	niedere Stirn, hängender Schnurrbart, langes Gesicht, verkniffene Augen
gut	=	mittelhoher Haaransatz, gerader Mund, normale Lidöffnung
böse	=	niedere Stirn, langes Gesicht, schmale Lidspalte
intelligent	=	hohe Stirn, Kinnbart, normale Stellung von Mund und Augen, verdeckte Lidspalte
unintelligent	=	niedere Stirn, langes Gesicht, große verkniffene Augen, runde Brauen

Das Intelligenz-Vorurteil

Es besteht ein physiognomisches Vorurteil über die Intelligenz (hohe Stirn, schmale Nase, anliegende Ohren), das mit der tatsächlichen Intelligenz eines Menschen nichts zu tun hat.

In Wien hat Friederike Nossberger ein interessantes Experiment durchgeführt. Sie ließ 40 elfjährige Jungen (nach dem Zufall ausgewählt) fotografieren. Dann wurde mit drei Intelligenztests die Intelligenz der Jungen untersucht und festgestellt. Anschließend wurden die Fotos 200 Beurteilern vorgelegt. Sie sollten nach dem Gesichtsausdruck die Intelligenz schätzen. Das Ergebnis stimmt nachdenklich. Die Treffsicherheit der Intelligenzschätzung war im Vergleich zu den Testergebnissen sehr gering. Auch Lehrern, Erziehern und Psychologen, die geschult sind in der Einschätzung von Menschen, gelang keine bessere Intelligenzschätzung. Auch zwischen männlichen und weiblichen Beurteilern wurde kein Unterschied festgestellt.

Das geschilderte Experiment zeigt deutlich, daß man die Intelligenz nicht aufgrund von Fotos einschätzen kann, *weil es keine vertraulichen und typischen Merkmale der intelligenten Gesichtsphysiognomie gibt.*

Das bedeutet nicht, daß man die Intelligenz im Alltag überhaupt nicht schätzen könnte. Man benötigt eben mehr Informationen, zum Beispiel über die Sprechweise, den sprachlichen Ausdruck und den Stil. Auch das logische Denken kann nur im Gespräch beobachtet werden.

Welchen Eindruck machen fremde Gesichter?

Die Kölner »Praxis Psychologische Diagnostik und Beratung« hat einmal vierzehn Porträts Personen aus allen sozialen Schichten und Berufsgruppen zur Beurteilung vorgelegt. Sie mußten die Gesichter auf verschiedene Eigenschaften überprüfen. Die Anweisung lautete: »Entscheiden Sie gefühlsmäßig und spontan nach Ihrem ersten Eindruck, ob Sie die angegebenen Eigenschaften vermuten oder nicht.« Zu jedem Porträt sollten insgesamt sechs positive oder negative Urteile abgegeben werden.

Da die Gesichter von einem Grafiker erfunden waren, konnte die Eigenschaft nur nach dem Gesichtsausdruck und der Mimik beurteilt werden. Das ist eine ganz alltägliche Situation: Menschen werden nach ihrem Äußeren beurteilt. Dabei spielen Vorurteile eine dominierende Rolle.

Fremde Gesichter wirken sympathisch, unsympathisch, eingebildet, optimistisch oder rücksichtslos. Auf den nächsten Seiten können Sie genau verfolgen, wie jeder Person bereits aufgrund ihrer Gesichtszüge ein individueller Charakter zugeschrieben wird. Neben jedem Porträt demonstriert ein Eigenschaftsprofil, wie die Gesichter gewirkt haben.

Die Skala reicht von + 3 (stark ausgeprägt) über 0 (neutral) bis − 3 (nicht ausgeprägt). Die Skala drückt aus, wie häufig einer Person die entsprechende Eigenschaft zugeschrieben oder nicht zugeschrieben wurde.

Die vierzehn Eigenschaftsprofile der Porträts demonstrieren, wie sich Menschenkenntnis im Alltag abspielt. Bereits aufgrund geringer Informationen werden fremden Personen weitreichende Charaktereigenschaften zugeschrieben, gleichgültig ob sie diese Eigenschaften tatsächlich besitzen. Die meisten Menschen bilden sich ihr Urteil schon aufgrund eines oberflächlichen äußeren Eindrucks. Die Eigenschaft, bei welcher das Urteil der meisten Personen übereinstimmte, wurde als Überschrift für das Porträt gewählt.

1 sympathisch

	+3	+2	+1	0	-1	-2	-3	
sympathisch		X						nicht sympathisch
eingebildet			X					nicht eingebildet
optimistisch		X						nicht optimistisch
rücksichtslos					X			nicht rücksichtslos
einsichtig			X					nicht einsichtig
aggressiv					X			nicht aggressiv

2 nicht sympathisch

	+3	+2	+1	0	-1	-2	-3	
sympathisch						X		nicht sympathisch
eingebildet				X				nicht eingebildet
optimistisch			X					nicht optimistisch
rücksichtslos				X				nicht rücksichtslos
einsichtig					X			nicht einsichtig
aggressiv		X						nicht aggressiv

3 nicht sympathisch

	+3	+2	+1	0	-1	-2	-3	
sympathisch							X	nicht sympathisch
eingebildet			X					nicht eingebildet
optimistisch				X				nicht optimistisch
rücksichtslos			X					nicht rücksichtslos
einsichtig					X			nicht einsichtig
aggressiv		X						nicht aggressiv

4 nicht sympathisch

	+3	+2	+1	0	-1	-2	-3	
sympathisch						X		nicht sympathisch
eingebildet					X			nicht eingebildet
optimistisch		X						nicht optimistisch
rücksichtslos		X						nicht rücksichtslos
einsichtig					X			nicht einsichtig
aggressiv			X					nicht aggressiv

5 eingebildet

	+3	+2	+1	0	-1	-2	-3	
sympathisch								nicht sympathisch
eingebildet								nicht eingebildet
optimistisch								nicht optimistisch
rücksichtslos								nicht rücksichtslos
einsichtig								nicht einsichtig
aggressiv								nicht aggressiv

6 eingebildet

	+3	+2	+1	0	-1	-2	-3	
sympathisch								nicht sympathisch
eingebildet								nicht eingebildet
optimistisch								nicht optimistisch
rücksichtslos								nicht rücksichtslos
einsichtig								nicht einsichtig
aggressiv								nicht aggressiv

7 nicht eingebildet

	+3	+2	+1	0	-1	-2	-3	
sympathisch								nicht sympathisch
eingebildet								nicht eingebildet
optimistisch								nicht optimistisch
rücksichtslos								nicht rücksichtslos
einsichtig								nicht einsichtig
aggressiv								nicht aggressiv

8 nicht eingebildet

	+3	+2	+1	0	-1	-2	-3	
sympathisch								nicht sympathisch
eingebildet								nicht eingebildet
optimistisch								nicht optimistisch
rücksichtslos								nicht rücksichtslos
einsichtig								nicht einsichtig
aggressiv								nicht aggressiv

9 optimistisch

	+3	+2	+1	0	-1	-2	-3	
sympathisch								nicht sympathisch
eingebildet								nicht eingebildet
optimistisch								nicht optimistisch
rücksichtslos								nicht rücksichtslos
einsichtig								nicht einsichtig
aggressiv								nicht aggressiv

10 optimistisch

	+3	+2	+1	0	-1	-2	-3	
sympathisch								nicht sympathisch
eingebildet								nicht eingebildet
optimistisch								nicht optimistisch
rücksichtslos								nicht rücksichtslos
einsichtig								nicht einsichtig
aggressiv								nicht aggressiv

11 nicht rücksichtslos

	+3	+2	+1	0	-1	-2	-3	
sympathisch								nicht sympathisch
eingebildet								nicht eingebildet
optimistisch								nicht optimistisch
rücksichtslos								nicht rücksichtslos
einsichtig								nicht einsichtig
aggressiv								nicht aggressiv

12 nicht rücksichtslos

	+3	+2	+1	0	-1	-2	-3	
sympathisch								nicht sympathisch
eingebildet								nicht eingebildet
optimistisch								nicht optimistisch
rücksichtslos								nicht rücksichtslos
einsichtig								nicht einsichtig
aggressiv								nicht aggressiv

35

13 nicht rücksichtslos

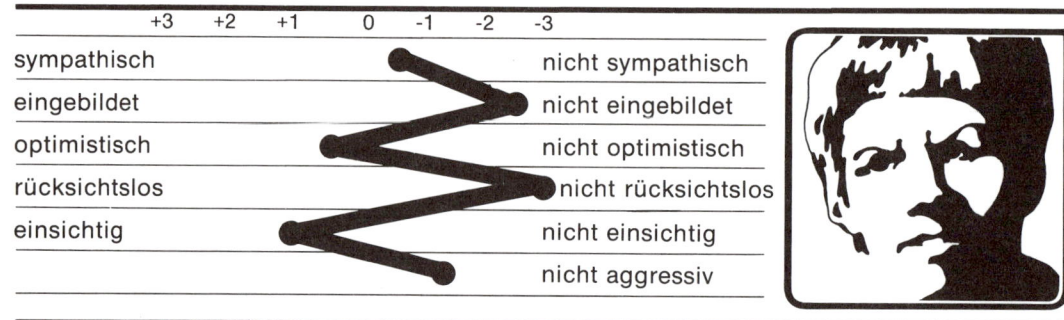

	+3	+2	+1	0	-1	-2	-3	
sympathisch					●			nicht sympathisch
eingebildet					●			nicht eingebildet
optimistisch			●					nicht optimistisch
rücksichtslos							●	nicht rücksichtslos
einsichtig			●					nicht einsichtig
					●			nicht aggressiv

14 nicht rücksichtslos

	+3	+2	+1	0	-1	-2	-3	
sympathisch				●				nicht sympathisch
eingebildet						●		nicht eingebildet
optimistisch			●					nicht optimistisch
rücksichtslos						●		nicht rücksichtslos
einsichtig			●					nicht einsichtig
aggressiv					●			nicht aggressiv

Interessant ist, daß Porträt 3 am häufigsten als nicht sympathisch bezeichnet wird. Bei diesem Kopf handelt es sich um kein konventionelles Gesicht. Es könnte ein Himalaja-Forscher sein, aber auch ein Clochard oder ein Revolutionär. Man kann die Hypothese bilden, daß es »Außenseiter« schwer haben, sympathisch eingeschätzt zu werden.

Interessant ist auch, daß Kopf 5 und 6 vor allem als eingebildet beurteilt werden. Wahrscheinlich liegt das daran, daß beide den Betrachter etwas »von oben herab« ansehen. Als nicht eingebildet wird dagegen Kopf 7 eingestuft, der etwas sorgenvoll von unten blickt.

Vorwiegend optimistisch wirken die Köpfe 9 und 10, wahrscheinlich weil hier die Mundwinkel leicht aufwärts gerichtet sind.

Die Wirkung eines Bartes

Die Hamburger Werbeagentur Wilkens arbeitete 1971 im Auftrag der Illustrierten »Stern« an einer Werbe-Ideen-Aktion »Wie man Barzel verkauft«. Um das optische Image des damaligen Oppositionsführers aufzubessern, wurden an Barzel-Fotos Bartretuschen angebracht.

Das Ergebnis beschreibt der »Stern« so: »Retuschen an Barzelfotos ergaben kein ›Produkt‹, das die Wilkens-Leute befriedigt hätte.«

Nach meiner Meinung wurde dieses Urteil zu Unrecht gefällt. Der Bart auf Bild 1 gibt Barzel mehr das Image einer »Vaterfigur«, das ein größeres Gefühl von Geborgenheit beim Wähler vermittelt hätte.

1

2

3

Rainer Barzel mit Bartretuschen zur Demonstration des Image-Problems

Die Wirkung der ganzen Person

Bankfachleute der Kreditabteilung schätzen fremde Personen aufgrund ihres Aussehens auf ihre Kreditwürdigkeit ein. Das Hamburger »Zeitmagazin« führte 1971 ein interessantes Experiment durch. Es legte die hier abgebildeten Fotos den Kreditfachleuten bei Banken und Sparkassen vor, mit der Bitte, die Personen nach ihrer Kreditwürdigkeit zu beurteilen.

Die Einordnung entsprach typischen konventionellen Vorurteilen.

Sie ist am kreditwürdigsten.
Berufseinschätzung:
Zuverlässige Sekretärin

Mit knappem Abstand folgt dieser junge Mann.
Berufseinschätzung:
Kaufmännischer Angestellter

Er steht an dritter Stelle.
Berufseinschätzung:
»Baulöwe«, Kranführer oder Fliesenleger

Er steht ein zweitletzter Stelle.
Berufseinschätzung: Gebrauchtwagenhändler
oder Schlepper auf St. Pauli

Er muß sich mit dem vierten Platz begnügen.
Berufseinschätzung:
Rentner, ehemaliger Buchhalter

Dieser Teenager ist das Schlußlicht.
Man hält ihn für unzuverlässig, flatterhaft und ober-
flächlich

Die Ausdruckswirkung von Statussymbolen

Statussymbole sind Rangabzeichen. Wer viel zu sagen hat in der Hierarchie der Industrie und Gesellschaft, möchte auch nach außen dokumentieren, daß er ein wichtiger Mann ist. Statussymbole sollen das Urteil anderer Menschen beeinflussen. Sie dienen zur Aufwertung einer Person. Man erzeugt bewußt ein positives Vorurteil, um sich Respekt zu verschaffen. Anfänger besitzen zum Beispiel so gut wie keine Statussymbole. Interessant wird die »Zeichensprache des Erfolgs« erst, wenn der Anfänger die Firmenpyramide höher klettert und zum Aufsteiger wird. Die üblichen Statussymbole vom Sachbearbeiter bis zum Generaldirektor zeigt die folgende Karikaturskizze.

1. Der Sachbearbeiter und Anfänger

Er muß jeden Morgen eine Parklücke für seinen Wagen suchen. Er hat keine eigene Sekretärin und muß höflich anfragen, ob im Schreib-Pool jemand Zeit für ihn hat. Sein Büro ist zu klein, kahl und sein Schreibtisch alt. Seinen Kaffee holt er sich am Automaten im Flur.

2. Der Abteilungsleiter

Er darf seinen Wagen auf dem Firmenparkplatz abstellen und teilt sein Büro mit seiner eigenen Sekretärin und einem Firmen-Gummibaum. Sein Sessel ist aus Leder oder Lederimitation. Wenn er Durst oder Hunger hat, kann er sich aus einem Kühlschrank bedienen, den er sich selbst füllen muß.

3. Der Hauptabteilungsleiter

Ihm wird ein Parkplatz auf dem Firmengelände mit seinem Wagen-Kennzeichen reserviert. Seine Sekretärin sitzt im Vorzimmer und betreut die blühenden Topfpflanzen. Er hat einen Fernseher und eine eigene Bibliothek im Büro. Er kann sich jederzeit von seiner Sekretärin Kaffee, Tee oder sonstige Getränke auf einem Tablett servieren lassen.

4. Das Vorstandsmitglied

Er symbolisiert seinen Status meist durch einen eigenen Chauffeur, er besitzt ein Sekretariat mit mehreren Sekretärinnen und erhält täglich frische Schnittblumen. Außerdem verfügt er über einen eigenen Toilettenschlüssel und ißt im privaten Eßraum oder im Chefkasino zu Mittag.

5. Der Generaldirektor oder Vorstandsvorsitzende

Er managt den Konzern von einer Chefsuite meist im oberen Stockwerk. Sein Chauffeur ist Chef über einen eigenen Wagenpark mit Mechaniker. Er kann sich im Privatbad entspannen und im Firmenjet auf Geschäftsreise begeben. Seine Familie wohnt in einer Dienstvilla mit Swimmingpool am Stadtrand.

Wenn man die Statussymbole so nüchtern aufzählt, wirken sie fast etwas lächerlich. In der Realität des deutschen Firmenalltags sind sie jedoch eine sehr ernste Sache.

In der Zentralverwaltung des größten deutschen Kaufhauskonzerns, Karstadt AG, kann man zum Beispiel die Bedeutung eines Managers an der Größe seines Zimmers erkennen.

Das Wirtschaftsmagazin »Capital« hat 1972 recherchiert: »Exakt 51,5 Quadratmeter ist das größte, was ein Karstadt-Karrierist erreichen kann. Nur die sechs Vorstände (unter den 57 000 Mitarbeitern des Einzelhandels-Riesen) sitzen in so großen Räumen. Die Büros für die Männer der nächstniedrigeren Ebene – für die vierzehn Direktoren — sind um 20,25 Quadratmeter kleiner, und den 120 Abteilungsleitern im dritten Glied stehen nur 18,75 Quadratmeter für ihre Dienstgeschäfte zu. Die restlichen 2500 Angestellten der Zentralverwaltung tippen und telefonieren in Großraumbüros.«

Ein interessantes Statussymbol sind auch die Chefaufzüge. Bei der Klöckner-Humboldt-Deutz AG in Köln fahren Chefs und übrige Angestellte schön getrennt in zwei Aufzügen nach oben. Im Firmenjargon werden sie »Bonzenheber« und »Proletenbagger« genannt.

Der verstorbene VW-Chef Heinrich Nordhoff befestigte den Schlüssel für seinen eigenen Lift an einem Band an der Hose. In Konzernen, in welchen der weltfremde Architekt einen Cheflift vergessen hat, kommt es manchmal zu entwürdigenden Situationen. Dann werden die Angestellten aus den Fahrkörben gejagt, sobald der Chef den Aufzug benötigt.

Die Empfangsdame der Firma Carl Zeiss in Oberkochen drückt auf einen roten Knopf, wenn der Oberste, Dr. Heinz Küppenbender, nach oben will, berichtete »Capital« 1972. Dann leuchtet in einem der beiden Aufzüge der Schriftzug »Aussteigen« auf. Das bedeutet, daß die Aufzugskabine auf der nächsten Etage »geräumt« werden muß.

Eine naive, aber naheliegende Symbolik sagt den Firmenchefs intuitiv: Oben sitzt der Boß und in den unteren Stockwerken die niederen Chargen. Zwei Beispiele sollen genügen: Im Düsseldorfer Thyssen-Hochhaus regiert der Stahlmanager Hans-Günther Sohl von der 19. Etage aus. Der »Spiegel«-Herausgeber Rudolf Augstein hat sein Chefzimmer im zwölften Stockwerk des »Spiegel«-Hochhauses eingerichtet.

Mit Distanz betrachtet, wirken diese Statussymbole unwichtig und seltsam. Aber in der Realität des Betriebsalltags kämpfen viele Aufsteiger verbissen um Rangzeichen wie die Sitzecke im Arbeitszimmer, das Telefon mit Amtsanschluß oder das immergrüne Topfgeranke neben dem Schreibtisch.

Diese Symbole sollen Autorität symbolisieren. Der Gesprächspartner soll sofort erkennen, mit wem er es zu tun hat.

Verhaltensforscher finden für die Sehnsucht nach Statussymbolen eine einfache Erklärung: Es ist dasselbe *Imponiergehabe,* das auch schon primitive Völkerstämme und Tiere aller Arten zeigen: Es geht um Demonstration von Macht.

Welche Wirkung hat Berufsprestige?

Diese Frage versuchte der australische Psychologe Paul Wilson von der Universität Sidney zu beantworten. Er stellte fünf verschiedenen Gruppen dieselbe Person vor. Sie wurde jeder Gruppe mit einem anderen beruflichen Status — vom Student bis zum Professor — präsentiert. Anschließend sollte jede Gruppe die Körpergröße schätzen. Das Ergebnis war erstaunlich. Je nachdem, ob die Person als Student oder als Professor vorgestellt wurde, ergaben sich Schwankungen in der Einschätzung der Körpergröße: Als »Professor« wurde die Person im Durchschnitt 6,4 Zentimeter überschätzt. Ein unbewußter seelischer Vorgang beeinflußt die Schätzung der Körpergröße. *Berufsprestige kann eine Person also bis zu 6,4 Zentimeter größer erscheinen lassen.*

Was verrät der Ausdruck über einen Menschen?

Gesprochene Worte sind nur ein kleiner Teil der Kommunikation. Die menschliche Verständigung besteht nicht nur aus Wörtern und Sätzen. Auch mit den Augen, den Mundbewegungen, der Mimik des Gesichts und der Gestik des ganzen Körpers werden Botschaften übermittelt. Die Wissenschaftler unterscheiden vor allem fünf Gebiete des menschlichen Ausdrucks:

○ Die Ausdrucksbewegungen des Gesichts = Mimik.
○ Die Ausdrucksbewegungen der Hände und des Körpers = Gestik, Körpersprache.
○ Die Ausdruckssprache der Stimme.
○ Den Ausdruck der Sprechweise.
○ Den Ausdruck der Handschrift.

Bei der Analyse des menschlichen Ausdrucks muß zwischen bewußtem (demonstrativ) und unbewußtem Ausdruck (vegetativ) unterschieden werden.

Vegetative Ausdruckssymptome sind zum Beispiel:

○ Erstarren des Gesichts durch Schreck.
○ Erbleichen oder Erröten durch Überraschung.
○ Zittern und Beben der Stimme durch innere Erregung.
○ Aufleuchten der Augen durch Freude.
○ Ausbrechen des Schweißes durch einen erlebten inneren Konflikt.

Diese Symptome sind bewußt (also absichtlich) schwer zu erzeugen und können auch nur schwer oder gar nicht unterdrückt werden.

Warum versteht man den Ausdruck der Mimik?

Wenn man die Mimik oder Körperhaltung eines Menschen betrachtet, weiß man aufgrund eigener Erfahrungen, wie man selbst in dieser Situation empfinden würde.

Ein trauriges Gesicht wird auch deshalb als traurig empfunden, weil es einen kleinen Anstoß gibt, das eigene Gesicht in dieselbe Muskelstellung der Traurigkeit zu versetzen. Durch dieses Miterleben entsteht auch in dem Beobachter eine Spur von Traurigkeit, und der fremde Gesichtsausdruck wird verstanden. Der deutsche Psychologe W. Hellpach hat diese Theorie so erklärt: »Jede Wahrnehmung oder Vorstellung eines Bewegungszustandes erregt im Wahrnehmenden und Vorstellenden den Antrieb zu gleichen Bewegungszuständen.«

Es wurde experimentell bewiesen, daß sogar der bloße Gedanke: »Ich werde die Faust ballen« unwillkürlich zu leichten Anspannungen in den Muskeln führt.

Der weinende Mann ist spontan zu verstehen, weil man den Gemütszustand, der Weinen hervorruft, aus eigener Erfahrung kennt.

Symptomenliste der Mimik, Gestik und Stimme

Auf den nächsten Seiten erfahren Sie, auf welche Merkmale Psychologen im Gespräch mit anderen Menschen achten. Die wichtigsten Symptome wurden drei Gruppen von Eigenschaften zugeordnet.

a) Eigenschaften der Abwendung und dadurch bestehende Kontaktschwierigkeit.
b) Neutrale Eigenschaften, bezogen auf die Kontaktbereitschaft.
c) Eigenschaften der Zuwendung und dadurch bestehende Kontaktbereitschaft.

Soweit es möglich ist, sind die Symptome illustriert, damit Sie am Anschauungsmaterial nachprüfen können, wie die einzelnen Merkmale auf Sie wirken.

Die Symptome wurden aus vielen Lehrbüchern der Ausdrucksforschung zusammengetragen (siehe Literaturverzeichnis) und werden hier zum ersten Mal in dieser übersichtlichen Form dargestellt.

Wenn Sie sich die einzelnen Merkmale einprägen, können Sie in der Praxis des Alltags Ihre Mitmenschen besser beobachten. Die Symptomliste verschärft Ihren diagnostischen Blick. Beachten Sie jedoch bitte, daß Sie viel Erfahrung sammeln müssen, bis Sie die einzelnen Symptome und ihr Zusammenspiel richtig deuten können. Darin besteht die Hauptschwierigkeit der Ausdrucksdiagnostik. Sie müssen also sehr wachsam sein und die einzelnen Symptome stets richtig gegeneinander abwägen.

Im Alltag gibt es viele Mischformen. Die Symptombilder zeigen sich nicht immer so klar wie in dieser Liste, die natürlich zu Anschauungszwecken alle Symptome möglichst deutlich präsentiert.

Sicher werden manche Kritiker den Einwand erheben, daß mit der Symptomliste einer unkritischen »Zeichendeuterei« Tür und Tor geöffnet würde. Es ist nun aber einmal so, daß Ausdrucksbeurteilung nichts anderes sein kann als Deutung von Zeichen und Merkmalen. Es kommt nur darauf an, daß das in der richtigen Weise geschieht.

Die Gefahr besteht darin, daß die einzelnen Ausdruckszeichen nicht richtig zueinander in Beziehung gesetzt werden. Das ist die Schwierigkeit jeder Diagnostik. Es ist jedoch besser, wenn man andere Menschen nach erforschten Symptomen taxiert als nach der üblichen Methode, die stark durch Vorurteile und Täuschungsmechanismen getrübt ist.

Natürlich muß davor gewarnt werden, das Symptomwissen in der Praxis falsch oder ungeübt anzuwenden. Aber schließlich muß man einmal anfangen, zu lernen und zu üben, auch auf die Gefahr hin, daß die ersten Versuche noch recht stümperhaft ausfallen. Beginnen Sie deshalb jetzt Ihre Menschenkenntnis bewußt und ohne Vorurteile zu trainieren. Und: Üben Sie täglich – auch abends, wenn Sie Interviews am Fernsehschirm beobachten können.

In der nachstehenden Reihenfolge finden Sie die Symptome geordnet. Die angegebenen Seitenzahlen erleichtern Ihnen das schnelle Finden.

a) Eigenschaften der Abwendung und dadurch bestehende Kontaktschwierigkeit

b) Neutrale Eigenschaften, bezogen auf die Kontaktbereitschaft

c) Eigenschaften der Zuwendung und dadurch Bestehen der Kontaktbereitschaft

a) Eigenschaften der Abwendung und dadurch bestehende Kontaktschwierigkeit

Resignation, Verbitterung
Mundwinkel nach außen oder abwärts
   gezogen
Mundwinkelfalte
Stirnrunzeln
Schlaff herabgezogenes Oberlid
Entspannung der Atmung (Seufzer)
Langsame Sprechgeschwindigkeit

Zurückhaltung
Verschlossenes Lächeln oder
   Schmunzeln
Herunterhängende Lider
Nach unten gerichteter Blick
Größere räumliche Distanz zum
   Gesprächspartner
Leise, gedämpfte Stimme, die im Laufe
   des Sprechens immer tiefer wird
Langsame Sprechgeschwindigkeit

Mißtrauen, Skepsis
Verzerrtes Lachen
Blick der verhaltenen Zuwendung
   (verstohlener Blick von der Seite oder
   beobachtender Blick von unten)
Halbe Schließung der Lidspalte
Senken beider Augenbrauen

Sarkasmus, Spott
Einseitiges Lachen
Einseitig nach oben gezogener
  Mundwinkel

Entsetzen, Schrecken
Aufgerissene Augen
Erweiterte Pupillen
Starrer Blick
Gespannter Atem
Erblassen

Trauer, Leid
Gesenkte Mundwinkel (Lippen locker)
Teilnahmsloser Blick
Heben der Nasenflügel
Vertiefung der Nasenfalte

Ekel
Näselklang der Stimme (Nasalierung von
   sonst nicht nasalierten Buchstaben)
Gespannter Atem

Verachtung, Ablehnung
Herabgezogene Mundwinkel (Lippen
   gespannt)
Blick von oben herab
Durch den Gesprächspartner hindurch
   gerichteter Blick bei erhobenem Kopf
Halbe Schließung der Lidspalte
Heben der Nasenflügel
Vertiefung der Nasenfalte
Übereinandergeschlagene Beine
   und Arme
Harte Stimme im Brustton
Gespannter Atem

Feindseligkeit
Verpreßter Mund
Blick von unten oder von der Seite
Größere räumliche Distanz zum
   Gesprächspartner
Querverlaufende Falte auf der Nasenwur-
   zel (Procerusfalte)
Scharfe, spitze Stimme, farblos,
   eventuell auch zischend

Blasiertheit, Stolz
Herunterhängende Augenlider
Blick von oben, Kinn vorgestreckt
Einseitiges Lachen
Brustklang der Stimme

Demut, Unterwürfigkeit, Respekt
Nach unten geneigter Kopf
Gekrümmter Rücken
Blick von unten
Dem Gesprächspartner nicht offen in die
    Augen sehen
Nach dem Anklopfen langes Warten,
    bevor man eintritt
Nach dem Betreten des Zimmers langes
    Warten, bevor man ganz ins Zimmer
    tritt
Tiefe Verbeugung
Kopfklang der Stimme

Schüchternheit, Hemmung
Dem Gesprächspartner nicht in die
    Augen sehen, ausweichender Blick
Verschränkte Arme, als Schutzhaltung
Kleines Stimmvolumen und kurze Laute
Verlangsamte Sprechgeschwindigkeit

Energielosigkeit, Müdigkeit
Spannungsloser, offener Mund
Schief zur Seite geneigter Kopf
Schlaffe Gesichtsmuskeln, insgesamt
  spannungsloses Gesicht
Hängende Gliedmaßen
Verlangsamte Bewegungen
Tonlose Stimme

Zweifel, Ungläubigkeit
Hochgezogene Augenbrauen bei sonst
  entspanntem Gesicht
Seitlicher Blick
Unsichere Bewegungen

Verlegenheit
Erröten
Gesenkter Kopf
Die Augen mit der Hand verdecken
An der Wange reiben
Zögernde, stockende, unsichere
  Bewegungen
Ablenkende Bewegungen: Augenblin-
  zeln, Räuspern, Husten, hinter den Oh-
  ren kratzen, etwas krampfhafter Ver-
  such zu lächeln

Ärger
Augenbrauen runzeln (herabziehen bzw.
   zusammenziehen)
Zurückgezogene Schultern
Rauher, kratziger Stimmklang

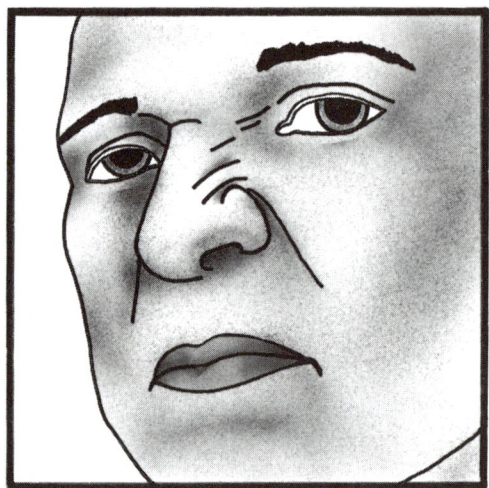

Unzufriedenheit
Heben der Nasenflügel (Naserümpfen)
Nach unten gezogene Mundwinkel

b) Neutrale Eigenschaften, bezogen auf die Kontaktbereitschaft

Unentschiedenheit, Ratlosigkeit, Gleichgültigkeit

Lachen mit geöffnetem Mund
Lippen gelockert und entspannt
An der Nase reiben
Schlaff herabgezogenes Oberlid
Achselzucken
Verschränkte Arme
Langsame Sprechgeschwindigkeit
Unsichere Bewegungen

Überraschung

Übernormal geöffnetes Auge
Hochgezogene Augenbrauen
Offenstehender Mund

Innerer Konflikt, Unruhe, Ängstlichkeit

Vertikale Stirnfalten
Flackerndes Auge
Mit den Fingern trommeln
Auf dem Stuhl hin- und herrutschen
Gehobene Schultern
Im Laufe des Sprechens höher werdende Stimme

c) Eigenschaften der Zuwendung (und dadurch bestehende Kontaktbereitschaft)

Aktivität, Optimismus
Lachender Mund (Keep-smiling)
Offener, lebhafter Blick
Schnellere Sprechgeschwindigkeit

Heiterkeit, Freude
Ruhiger Blick
Erweiterte Pupille
Verstärkter Glanz der Augen,
   »Strahlende Augen«
Übernormal geöffnetes Auge
Lachen
Nach oben gezogene Mundwinkel
Stetig dahinfließendes, glattes,
   wohllautendes Sprechen (klingend,
   singend)
Erhöhte, aber gleichmäßige
   Bewegtheit des Körpers
Gelockerte Bewegungen
Rötung der Haut

Sinnlichkeit
Seitlich geneigter Kopf
Weiche, entspannte Gesichtszüge
Herabhängende Augenlider
Durchhauchte Stimme

Aggressivität, Zorn
Vertikale Stirnfalten
Quer verlaufende Falte auf der Nasen-
   wurzel (Procerusfalte)
Leicht zugekniffene Augen
Mit den Augen funkeln
Erhöhte, ruckweise Bewegtheit
   des Körpers
Ballen der Fäuste
Zusammenbeißen der Zähne
Rötung der Haut
Barsches, herrisches Sprechen
Gespannter Atem
Beschleunigte Sprechgeschwindigkeit

Verzücken, Schwärmerei
Mundwinkel aufwärts geschwungen
Geöffnete Lippen
Nach oben gerichteter Blick
Glänzende Augen
Durchhauchte Stimme

Entschlossenheit, Hartnäckigkeit
Verpreßter Mund
Gerade Körperhaltung
Abgedeckter Blick (leicht zugekniffene
   Augen)
Vertikale Stirnfalten
Im Laufe des Sprechens härter werdende
   Stimme

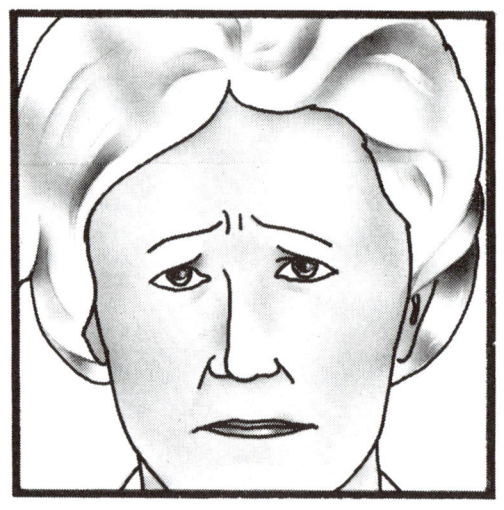 

Konzentration
Vertikale Stirnfalten
Hochgezogene oder gerunzelte
  Augenbrauen

Offenheit, Freundlichkeit
Offene Lidspalte
Offen schauendes Auge
Häufiger Augenkontakt
Warmer, vertraulicher Klang der Stimme
Beim Sprechen ruhig ausströmender
  Atem
Hand auf die Schulter oder den Arm des
  Gesprächspartners legen

**Literaturverzeichnis der
Ausdruckssymptome**

BIRDWHISTELL, R. L.: *Introduction to Kinesics.* Louiseville 1952.
ESSEN, O. V.: *Allgemeine und angewandte Phonetik.* Berlin 1953.
FÄHRMANN, R.: *Die Deutung des Sprechausdrucks.* Bonn 1960.
FAST, J.: *Body Language.* New York 1970.
FISCHER, R.: *Über die Geräuschhaftigkeit im Ausdruck der Sprechstimme.* Heidelberg 1960.
HALL, E. T.: *Proxemics − A Study of Man's Spatial Relationship.* In: *Man's Image in Medicine and Anthropology.* New York 1963.
KLAGES, L.: *Grundlegung der Wissenschaft vom Ausdruck.* Leipzig 1942.

LANGE, F.: *Die Sprache des menschlichen Antlitzes.* München und Berlin 1939.
LERSCH, PH.: *Gesicht und Seele.* München 1932.
NEWMAN, K. M.: *Experimentelle Untersuchung über das Verhältnis der phänomenal beurteilten Sprechgeschwindigkeit.* Heidelberg 1957.
ORTEGA Y GASSET, J.: *Der Mensch und die Leute.* München 1957.
PULVER, M.: *Symbolik der Handschrift.* Zürich und Leipzig 1940.
RUDERT, J.: *Vom Ausdruck der Sprechstimme. In: Handbuch der Psychologie, Bd. 5.* Göttingen 1965.
SOMMER, R.: *Personal Space.* New York 1969.
TROJAN, F.: *Der Ausdruck der Sprechstimme.* Wien und Düsseldorf 1952.

Mimische Reaktionen bei Personen des öffentlichen Lebens

Schauen Sie sich die Bilder auf den folgenden Seiten genau an. Die Überschrift erläutert, welchen Gesichtsausdruck der Schnappschuß aufgefangen hat. Die Momentaufnahme der Mimik sagt natürlich wenig über den Charakter einer Person aus. Um ein umfassendes Persönlichkeitsgutachten aufgrund der Physiognomie erstellen zu können, müßte man mindestens hundert Schnappschüsse einer Person auswerten.

Die Begutachtung von Pressefotos ist nützlich, weil Sie dadurch den Blick für mimische Reaktionen und ihre Bedeutung trainieren und schärfen können.

Helmut Kohl: Mimik leicht verstimmter verbaler Verschlossenheit

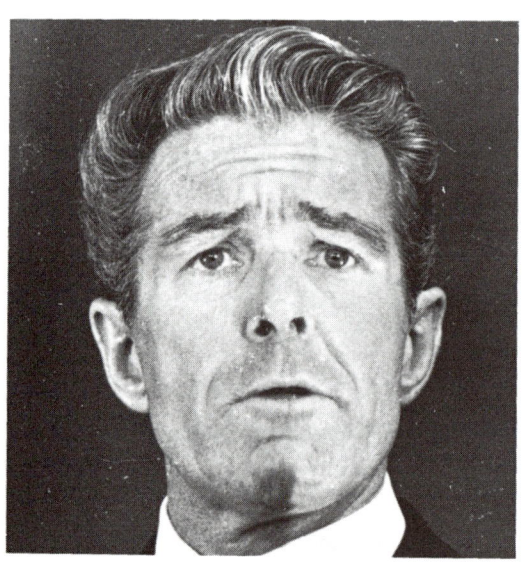

Joschka Fischer: Mimik skeptischen Erstaunens

Jean Jaques Servan-Schreiber:
Mimik der vitalen Besorgnis

Oskar Lafontaine:
Mimik wacher Aufmerksamkeit

56

Ernst Albrecht: Mimik der geringschätzigen Abwertung

Margaret Thatcher: Mimik angespannter, kritisch-skeptischer Aufmerksamkeit

Friedhelm Farthmann:
Mimik der »Gedankenverlorenheit«

Peter Koch, ehemaliger Chefredakteur
des »stern«: Mimik der Besorgnis

Erhard Eppler: Mimik konzentrierter
und besorgter Aufmerksamkeit

Ausdrucksstudie von Schauspielern

1

Optimismus

4

Ratlosigkeit

7

Überraschung

10

Zorn

2

Feindseligkeit

5

Energielosigkeit

8

Spott

11

Zweifel

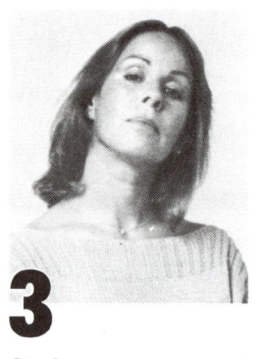

3

Stolz

6

Ablehnung

9

Verlegenheit

12

Resignation

Die verschiedenen Begrüßungsarten

Die Begrüßung dient dem ersten Kontakt mit einer Person. In ihr kommt Herzlichkeit, Demut oder Freundschaft zum Ausdruck. Die Begrüßungsart unterliegt vor allem der nationalen Ritualisierung. Einige Beispiele sollen das illustrieren.

Der Verhaltensforscher Eibl-Eibesfeldt filmte, wie eine Waika-Indianerin eine Europäerin begrüßte. Die Indianerin rieb zuerst den Mund an der Wange der Europäerin. Zum Abschluß der Grußzeremonie biß sie die Frau zart in eine Wange, die sie dann beknabberte.

Der französische Staatspräsident Charles de Gaulle wird von einem deutschen Polizisten mit der Geste der Demut begrüßt

Liebevolle Begrüßungszeremonie: Eine Waika-Indianerin begrüßt eine Europäerin

61

Durch Handheben grüßender Schom-Pen auf
Groß-Nicobar. Geste der Friedlichkeit

Georges Pompidou grüßt durch Handheben bei der
Abfahrt

Sogar Affen begrüßen sich manchmal mit Hand-
schlag. Das Bild zeigt eine Schimpansin, die ein
Männchen zum Händegeben auffordert

Eine große Rolle spielt bei der Begrüßung auch der Körperkontakt; er hat eine
beruhigende Wirkung und nimmt die
Angst. Die Umarmung soll friedliche Einstellung und Verbundenheit ausdrücken.

*Ein Trost suchender Soldat birgt seinen Kopf an der
Brust seines Kameraden*

*Parteichef Chruschtschow begrüßt seinen amerika-
nischen Gastgeber mit Wangenkuß*

*Breschnew, Chruschtschow, Ulbricht
beim Gruß*

Viele Völker praktizieren den Nasengruß, beispielsweise die Lappen, Eskimos, Waikas und Malaien. Eibl-Eibesfeldt schreibt über diese Grußform: »Es handelt sich um ein freundliches Beschnüffeln, wobei die Nase an die Wange oder Nase des Partners gedrückt und leicht an ihnen gerieben wird. In Burma nennt man diesen Gruß ›namtschui‹ (von Geruch [nam] und einsaugen [tschut]).«

Durch die beschriebenen Begrüßungsarten versucht man, erste Informationen einzuholen. Über die Berührung ertastet man, wie herzlich die Kontaktaufnahme gemeint ist. Der Geruch oder die Feuchtigkeit der Haut zum Beispiel zeigt, ob der Partner Angst hat oder aufgeregt ist. Naturvölker können die Sprache der Psychosomatik intuitiv besser deuten als der zivilisierte Großstädter.

Wir Europäer versuchen aus dem Händedruck Schlußfolgerungen auf den Charakter zu ziehen. Fester Händedruck bedeutet nach der Populärpsychologie Aufrichtigkeit und Zuverlässigkeit, weicher und feuchter Händedruck dagegen Labilität. Diese Bedeutungen kann ein Händedruck haben; um jedoch weitreichende Schlußfolgerungen zu ziehen, ist die Analyse des Händedrucks allein nicht ausreichend. Der feste Händedruck kann zum Beispiel bewußt verstellt oder zufällig sein, der weiche und feuchte Händedruck kann neben Labilität noch viele andere, differenziertere Gründe haben, wie Angst, Aufregung, Nervosität, Unsicherheit oder Drüsenstörung.

Der Ausdruck der Stimme

Versuchen Sie in Zukunft, die Stimme eines Menschen auf Ihr Gefühl wirken zu lassen. Dabei werden Sie auf viele Feinheiten aufmerksam, die sie bisher nicht beachtet haben. Die bewußte Wahrnehmung schärft Ihr Ohr für den Stimmausdruck.

Aus der Klangfarbe kann auf entsprechende Charakterzüge geschlossen werden. Der Stimmforscher M. Keilhacker schreibt: »Wärme oder Kälte, Weichheit oder Härte der Stimme lassen stets mit einer gewissen Wahrscheinlichkeit auf ähnliche charakterliche Züge in der Persönlichkeit des Sprechers schließen.«

Die tiefe Stimme hat die Wirkung von Würde und Ruhe und entsteht im Normalfall auch in der entsprechenden Gemütsverfassung. Die hohe Stimme entsteht bei Zuständen von Angst, Aufregung und Verlust der Selbstsicherheit. Die monotone Stimme läßt auf Gleichgültigkeit, Desinteresse oder Traurigkeit schließen.

Kann man die Intelligenz an der Stimme erkennen?

Die Wiener Psychologin Gertraud Leitner hat 1956 hundert Personen mit einem Intelligenztest geprüft. Unter ihnen wurden neun Personen mit unterschiedlicher Intelligenz und ungefähr gleichem Bildungsniveau ausgewählt, deren Stimme auf Tonband aufgenommen wurde,

beim Sprechen sinnloser Worte,

beim Lesen eines Textes von Adalbert Stifter,

beim Nacherzählen einer Geschichte.

Die Tonbandaufnahmen wurden 75 Studenten vorgespielt, mit der Anweisung, den Intelligenzgrad jedes Sprechers anzugeben. Die Intelligenzschätzungen konnten dann mit den Testresultaten verglichen werden. Dabei ergab sich eine gute bis sehr gute Übereinstimmung. Die weiblichen Personen schätzten noch etwas besser als die männlichen.

Ausländer (Engländer, Franzosen, Spanier) erzielten dagegen nur eine sehr geringe Treffsicherheit. Das zeigt, daß bei der Intelligenzschätzung nach der Stimme die Erfahrung mit der jeweiligen Sprache eine große Rolle spielt. *An der Sprache kann man die Intelligenz eines Menschen wesentlich besser beurteilen als am Gesichtsausdruck.*

Am Wiener Psychologischen Institut wurde auch die Frage untersucht, ob man am Sprechausdruck erkennen kann, ob eine Person lügt. Die Sicherheit, mit der Lügner aufgrund ihrer Sprechweise entlarvt werden konnten, war jedoch sehr gering. Es wurde festgestellt, daß die feste subjektive Überzeugung, man habe es mit einem Lügner zu tun, völlig falsch sein kann. Woran liegt das? Man hat offensichtlich zu wenig Erfahrungen darüber gesammelt, wie sich Lügen in der Stimme ausdrückt; deshalb fehlen hier die Beurteilungskriterien.

Einige wichtige Symptome der Stimme und ihre Bedeutung

Symptome	Bedeutung
Geringe Hebung und Senkung der Lautstärke, schlaffe, ungestaltete Sprechweise	Trägheit, Gleichgültigkeit
Überbetonter, abgehackter Rhythmus	Ungesteuerte Impulse
Schwankungen des Sprechtempos	Innere Erregung, Unausgeglichenheit, Mangel an Selbstsicherheit
Unregelmäßiges Schwanken der Stimmstärke bei geringer Stimmfülle	Mangel an Vitalität
Starker Wechsel der Stimmstärke	Gefühlsbetonte Grundhaltung
Geringer Wechsel der Stimmstärke	Mangel an gefühlsmäßigem Miterleben, Disziplinierung
Brustklang der Stimme	Selbstbehauptung
Sorgfältige und ausgeprägte Aussprache	Bewußte, disziplinierte Haltung
Wenig ausgeprägte Aussprache	Natürlichkeit, Lässigkeit

Der Ausdruck der Sprechweise

In einem Gespräch kann man an Merkmalen der Sprechweise erkennen, ob eine Person innerlich einen Konflikt erlebt, emotional gestört ist oder ausgeglichen und gelassen reagiert. Die folgenden acht Sprachstörungen können bei Konflikten beobachtet werden: Äh-Störung, Satzwechsel, Wiederholungen, Stottern, Auslassungen von Wörtern oder Wortteilen, unvollendete Sätze, Versprecher (Wortneubildung), unverständliche Einfügungen von Lauten.

Als Beispiel und Illustration mögen die acht Sprachstörungen in einem Einstellungsgespräch dienen.

Personalchef: »Sie müßten in Ihrem Alter eigentlich beruflich schon weiter sein. Warum haben Sie bisher nicht mehr erreicht?«

Bewerber: »In meiner alten Firma gab es, äh *(1. Störung)* – aus vielen Gründen keine Chance für mich. Deshalb äh, suche ich eine neue *(2. Störung)* – aber was wollen Sie damit sagen: Was ich bisher erreicht habe, genügt mir.«

Personalchef: »In der angebotenen Position müssen Sie seelisch belastbar sein. Glauben Sie, daß Sie das sind?«

Bewerber: »Schwierigkeiten beeinflussen mich, beeinflussen mich *(3. Störung)* wenig, sie steigern sogar mein Leistungsbedürfnis.«

Personalchef: »Welche Ihrer Eigenschaften hat Ihnen besondere Schwierigkeiten gemacht?«

Bewerber: »Darüber habe ich bi- bisher nicht na- nachgedacht *(4. Störung)*, denn besondere Schwierigkeiten *(5. Störung)* – mir keine Eigenschaft gemacht.«

Personalchef: »Das Zeugnis der Firma Kuntz nennt zwar Ihre Tätigkeit, erwähnt aber zu wenig persönliche Vorzüge. Wie erklären Sie sich das?«

Bewerber: »Mein Chef hatte wahrscheinlich . . . *(6. Störung)* Für ihn als Praktiker war in erster Linie der Unsatz *(7. Störung)*, Umsatz entscheidend.«

Personalchef: »Was konnte Ihr Chef an Ihnen nicht leiden?«

Bewerber: »Ich wechsle nicht die Position, weil ich ta *(8. Störung)* mit ihm Unstimmigkeiten em hatte.«

Sprachstörungen können nach einer Tonbandanalyse genau ausgewertet werden.

Die Störungsanalyse auf der vorhergehenden Seite zeigt, daß in der 62. Minute

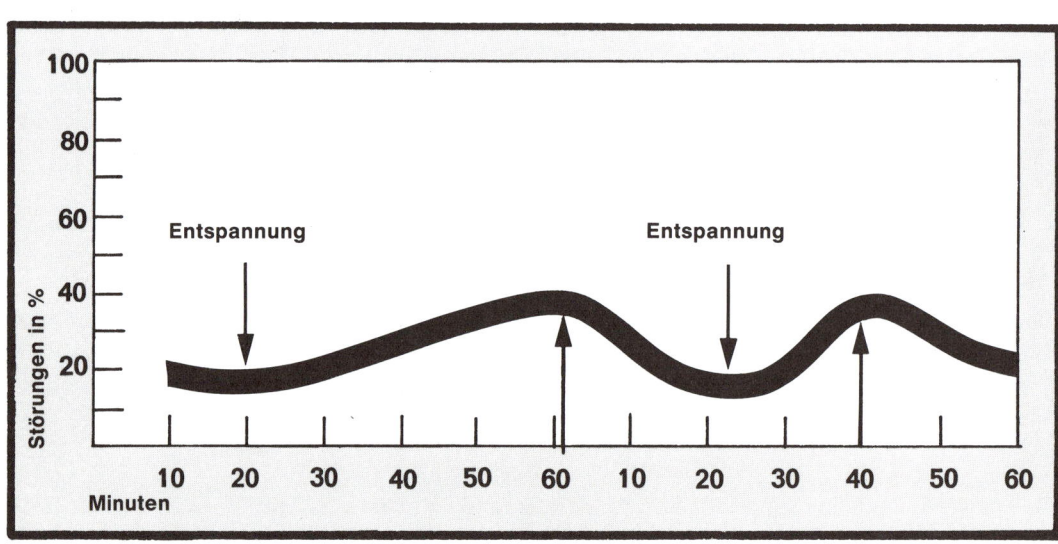

und nach einer Stunde und 40 Minuten die meisten Störstellen waren. Zu diesen Zeiten wurden also Themen berührt, die dem Bewerber besonders unangenehm waren.

Relativ entspannt war der Bewerber dagegen in der 20. Minute und nach einer Stunde und 24 Minuten.

Ein Personalchef, der sich auf dem Tonband die kritischen Stellen nochmals anhört, kann sich anhand einer solchen Grafik noch einmal Gedanken darüber machen, warum der Bewerber gerade bei diesen Themen mit besonders vielen Sprachstörungen reagiert hat.

Der Ausdruck der Handschrift

Die Schriftdeutung ist nach der Mimik und der Handlesekunst eine der ältesten Methoden der Menschenbeurteilung. Die Schrift drückt den Charakter und das Wesen eines Menschen aus. Der Wiener Ordinarius für Psychologie, Hubert Rohracher, schrieb 1963: »Es steht außer Zweifel, daß die Handschrift einen hohen Grad von persönlicher Eigenschaft aufweist; so hoch, daß sich sogar die Geldinstitute und Banken darauf verlassen und die Echtheit eines Schecks oder Wechsels nach der Unterschrift des Ausstellers beurteilen.«

Die Schrift wird vom Gehirn gesteuert. Das stellt der deutsche Physiologe Wilhelm Preyer experimentell fest. Nach seinen Untersuchungen bleibt der individuelle Schriftcharakter gleich, ob nun mit der rechten oder mit der linken Hand oder mit dem Mund geschrieben wird.

Die Graphologie steht immer noch in einem Kampf um ihre Anerkennung als Wissenschaft. Die Einstellung der Fachpsychologie ist reserviert, denn es liegt bis heute zwar kein exakter wissenschaftlicher Beweis für die Verläßlichkeit der Graphologie vor, aber auch kein Beweis für ihre Wertlosigkeit. Das liegt daran, daß die Richtigkeit graphologischer Gutachten nur sehr schwer einwandfrei kontrolliert werden kann.

In der Praxis hat die Graphologie Anerkennung gefunden. In Deutschland werden von 50 bis 70 Prozent aller Firmen bei der Einstellung neuer Mitarbeiter graphologische Gutachten angefordert.

Es ist deshalb nützlich, über die Grundlagen der Schriftdeutung etwas ausführlicher informiert zu sein.

Das folgende Kapitel über die Graphologie soll kein graphologisches Lehrbuch sein und kann Sie natürlich auch nicht zum »Graphologen« ausbilden. Wenn Sie jedoch in Zukunft eine intensivere Beurteilung Ihrer Mitmenschen versuchen, sind einige graphologische Grundkenntnisse über Schriftmerkmale und ihre Bedeutung nützlich. Es muß jedoch davor gewarnt werden, von einzelnen Symptomen auf ein festgefügtes Persönlichkeitsbild zu schließen. Dazu ist eine langjährige graphologische Praxis erforderlich. Die beschriebenen Grundkenntnisse der Graphologie sollen also nur zu Ihrer Allgemeinbildung beitragen und Sie nicht dazu verleiten, sich als Schriftexperte zu fühlen.

Die Verbindung und Gestaltung der Buchstaben

Die Graphologen unterscheiden vier Bindungsformen. Sie heißen Arkade, Girlande, Winkel und Faden.

a) Arkadee

Die Arkade besteht aus bogenförmigen Wölbungen. Sie symbolisiert nach Meinung der Graphologen Verschlossenheit, Zurückhaltung und Kontaktmangel. Ein Arkadenschreiber ist schwer aus der Reserve zu locken und gibt ungern sein wahres Innenleben preis.

b) Girlande

Im Unterschied zur Arkadenschrift drückt die Girlandenschrift eher Aufgeschlossenheit und Offenheit aus. Eigenschaften wie Wohlwollen, Bereitwilligkeit, Weichheit und Freundlichkeit können ebenso in der Persönlichkeit des Girlandenschreibers zu finden sein wie auch Nachgiebigkeit, Unselbständigkeit und Beeinflußbarkeit, je nach den *sonstigen* Schriftsymptomen.

c) Winkel

Winkelschriften werden meist von Personen geschrieben, die einen starken Willen besitzen. Festigkeit, Entschlossenheit und Durchsetzungsvermögen sind Eigenschaften, die bei Winkelschreibern ausgeprägt sind. Je nach den sonstigen Symptomen sind auch Härte, Verbohrtheit und Unduldsamkeit vorhanden.

d) Faden

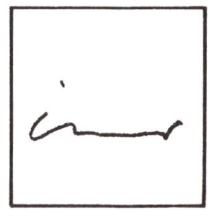

Bei Fadenschriften sind die Kleinbuchstaben (vor allem m und n) in ihrer Form aufgelöst.

Unter den Fadenschreibern findet man Menschen, die möglichst leicht und ohne viel Anstrengung ihr Ziel erreichen wollen; häufig verhalten sich diese Menschen ausweichend und diplomatisch. Je nach den sonstigen Symptomen kann man bei diesem Schrifttyp auch auf Verschlagenheit schließen.

Die drei Zonen der Schrift

a) Oberlängen

Betont hohe Oberlängen verraten intellektuelle Interessen, Begeisterungsfähigkeit, aber auch Oberflächlichkeit. Erscheinen die Oberlängen verkümmert, wird von Graphologen häufig geringeres intellektuelles Interesse gedeutet.

b) Unterlängen

Aus den Unterlängen kann man besonders auf die Ausprägung der Triebe sowie der materiellen und praktischen Interessen schließen. Auch Beharrlichkeit, Zähigkeit und Schwerfälligkeit kommen, je nach den sonstigen Symptomen, vor allem in den Unterlängen zum Ausdruck.

Verkümmerte Unterlängen können mangelnde Durchsetzungskraft, innere Zurückhaltung oder Mangel an Reservekräften bedeuten.

c) Mittelzone

In der Mittelzone drückt sich das Selbstgefühl des Schreibers aus. Die Größe der Schrift zeigt die Größe des persönlichen Selbstwertgefühls. Stolz, Großmut, Tatendrang, Unternehmungslust, Freiheitsdrang auf der einen, Hochmut, Aufgeblasenheit und Ich-Sucht auf der anderen Seite sind Eigenschaften, die bei »Großschreibern« vorhanden sein können.

Entsprechend findet man beim »Kleinschreiber« meist ein geringes Selbstge-

fühl, Selbstkritik und Zweifel. Handelt es sich um eine gut gestaltete Schrift, kann auch auf Pflichtgefühl, Beobachtungsgabe und Realismus geschlossen werden.

Die Endungen der Worte

a) Rechtsläufigkeit

Die rechtsläufige Schrift läßt häufig auf Tätigkeitsdrang, Aufgeschlossenheit und bei übertriebener Rechtsläufigkeit auch auf Verschwendung schließen.

b) Linksläufigkeit

Die linksläufige Schrift findet man bei mehr auf sich selbst bezogenen Personen. Diese Menschen haben unter Umständen ein starkes Bedürfnis nach Selbstbehauptung und sind in manchen Fällen — je nach den sonstigen Symptomen — egoistisch.

Die Neigung der Buchstaben

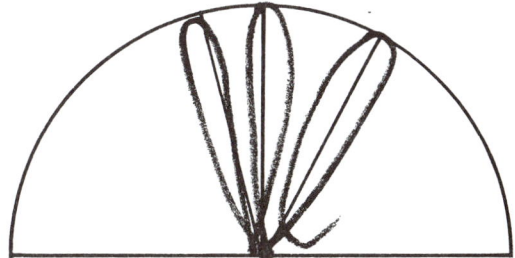

a) Linksschräge Schrift

Die linksschräge Schrift wird vorwiegend negativ gedeutet: Ablehnung, Zurückhaltung, Selbstbezogenheit und übertriebene Selbstbeherrschung sind die Eigenschaften, die mit diesem Schrifttyp in Verbindung gebracht werden.

b) Steile Schrift

Steile Schriften werden vorwiegend mit den folgenden Eigenschaften in Zusammenhang gebracht: Selbstbeherrschung, Zurückhaltung, geringes Temperament, Nüchternheit, Besonnenheit, Kälte oder Teilnahmslosigkeit.

c) Rechtsschräge Schrift

Die rechtsschräge Neigung der Buchstaben verrät Zuneigung und Interesse an der Umwelt und den Mitmenschen. Empfindungsfähige, gefühlswarme, ungezwungene, aufgeschlossene und kontaktfreudige Menschen schreiben oft rechtsschräg.

Der Abstand der Buchstaben

a) Weite Schrift

Graphologen bezeichnen eine Schrift als weit, wenn die Abstände zwischen den Grundstrichen der einzelnen Buchstaben größer sind als die Höhe der Kleinbuchstaben.

Schriftweite deutet auf Aktivität, Eifer, Unternehmungslust, Ungeduld und Entfaltungsdrang.

b) Enge Schrift

Schriftenge dagegen läßt — je nach den übrigen Symptomen — eher auf Selbstbeherrschung, Berechnung, Zurückhaltung oder Egoismus schließen.

Die Verbundenheit der Schrift

Nach der Auffassung der Graphologen besteht Verbundenheit, wenn ein Wort, das aus fünf Buchstaben besteht, in einem Zug ohne abzusetzen, geschrieben wird.

a) Verbundene Schrift

Verbundene Schrift kann der Ausdruck für logisches Denken und gute Auffassungsgabe sein.

b) Unverbundene Schrift

Beim unverbunden Schreibenden wird vermutet, daß er mehr intuitiv als streng logisch denkt.

Die Regelmäßigkeit der Schrift

Eine der gesichertsten Erkenntnisse der Graphologie liegt in der Interpretation der regelmäßigen Schrift. Sie wird meistens von Menschen geschrieben, bei denen Wille und Verstand die Vorherrschaft über Triebe und Affekte haben.

Entsprechend kann man bei einer weniger regelmäßigen Schrift darauf schließen, daß Triebe und Gefühle bei dem Schreiber vorherrschend sind.

Die volle, magere und teigige Schrift

a) Volle Schrift

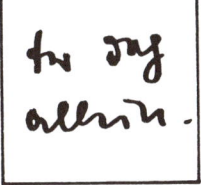

Die volle Schrift verrät reiche Phantasie. Schöpferisch heitere und humorvolle Menschen haben oft eine volle Schrift. Auch Rastlosigkeit und Vorstellungsvermögen sind Eigenschaften, die – je nach den übrigen Symptomen – ausgeprägt sein können.

b) Magere Schrift

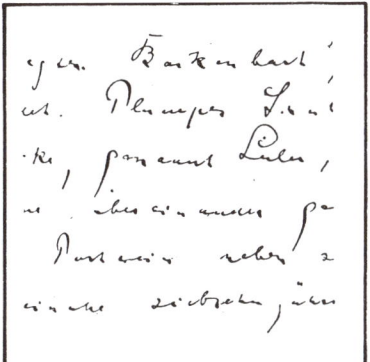

Die magere Schrift wird bevorzugt von nüchternen Verstandsmenschen und abstrakten Denkern geschrieben.

c) Teigige Schrift

In der teigigen Schrift ist die Strichführung zerflossen und unscharf. Teigigkeit der Schrift läßt nach der Meinung vieler Graphologen auf Sinnlichkeit schließen.

Es gibt noch viele andere Beurteilungsmerkmale, wie zum Beispiel Druck, Zeilenverlauf, Randaufteilung, Größe der Anfangsbuchstaben, die bei der graphologischen Analyse eine wichtige Rolle spielen. Als kurze Einführung in die Grundlagen der Graphologie mögen die vorhergehenden Seiten jedoch genügen.

71

Was verrät der Körperbau?

Der Psychiater Ernst Kretschmer hat die uralte Erkenntnis, daß man vom Körperbau des Menschen auf bestimmte typische Charaktereigenschaften schließen kann, genau untersucht. Seine Forschungen, die er in dem Buch »Körperbau und Charakter« beschrieb, haben auf der ganzen Welt Beachtung gefunden. Er erntete natürlich auch Kritik. Aber spätere Nachuntersuchungen haben gezeigt, daß Ernst Kretschmer einen bedeutenden Beitrag zur Menschenkenntnis geleistet hat. Deshalb lohnt es, seine Erkenntnisse übersichtlich darzustellen, denn wer andere Personen nach ihrer Konstitution richtig einschätzen kann, weiß auch mehr über ihr Verhalten.

Kretschmer unterscheidet vier Typen:
○ Leptosomer Typ
○ Pyknischer Typ
○ Athletischer Typ
○ Dysplastischer Typ

1. Der leptosome Typ

So sieht er aus: Schmaler, hochaufgeschossener Körper, langer, flacher Brustkorb, magere Arme und zarte, feingliedrige Hände. Die Muskeln sind dünn. Die Brustrippen treten etwas hervor. Die Beine sind schlank. Zu den Leptosomen gehören zum Beispiel auch große und sehnige Menschen, die hervorragende sportliche Leistungen in der Leichtathletik vollbringen können.

Das Gesicht ist fettarm. Das Profil scharf geschnitten. Die Nase tritt hervor. Manchmal ist der Unterkiefer etwas fliehend.

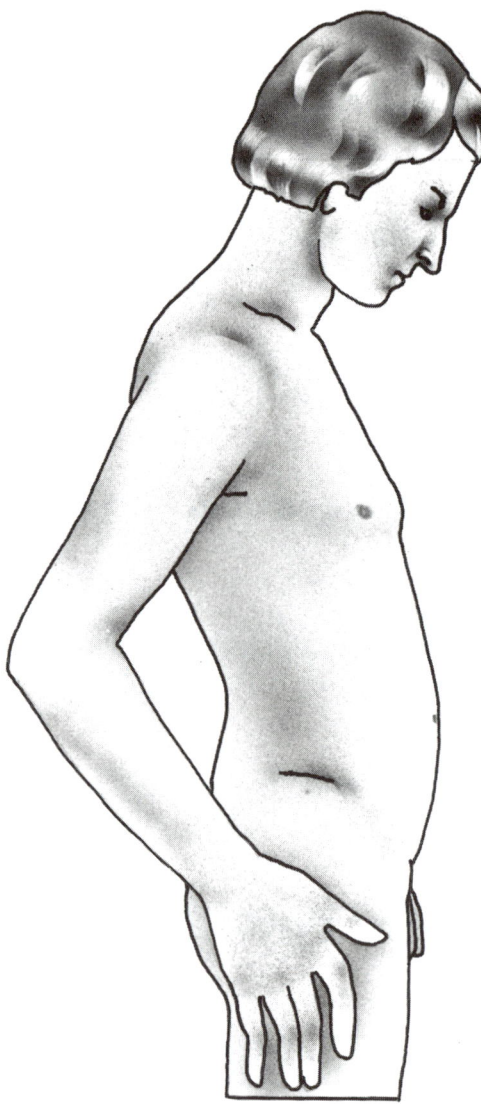

Der leptosome Körperbau

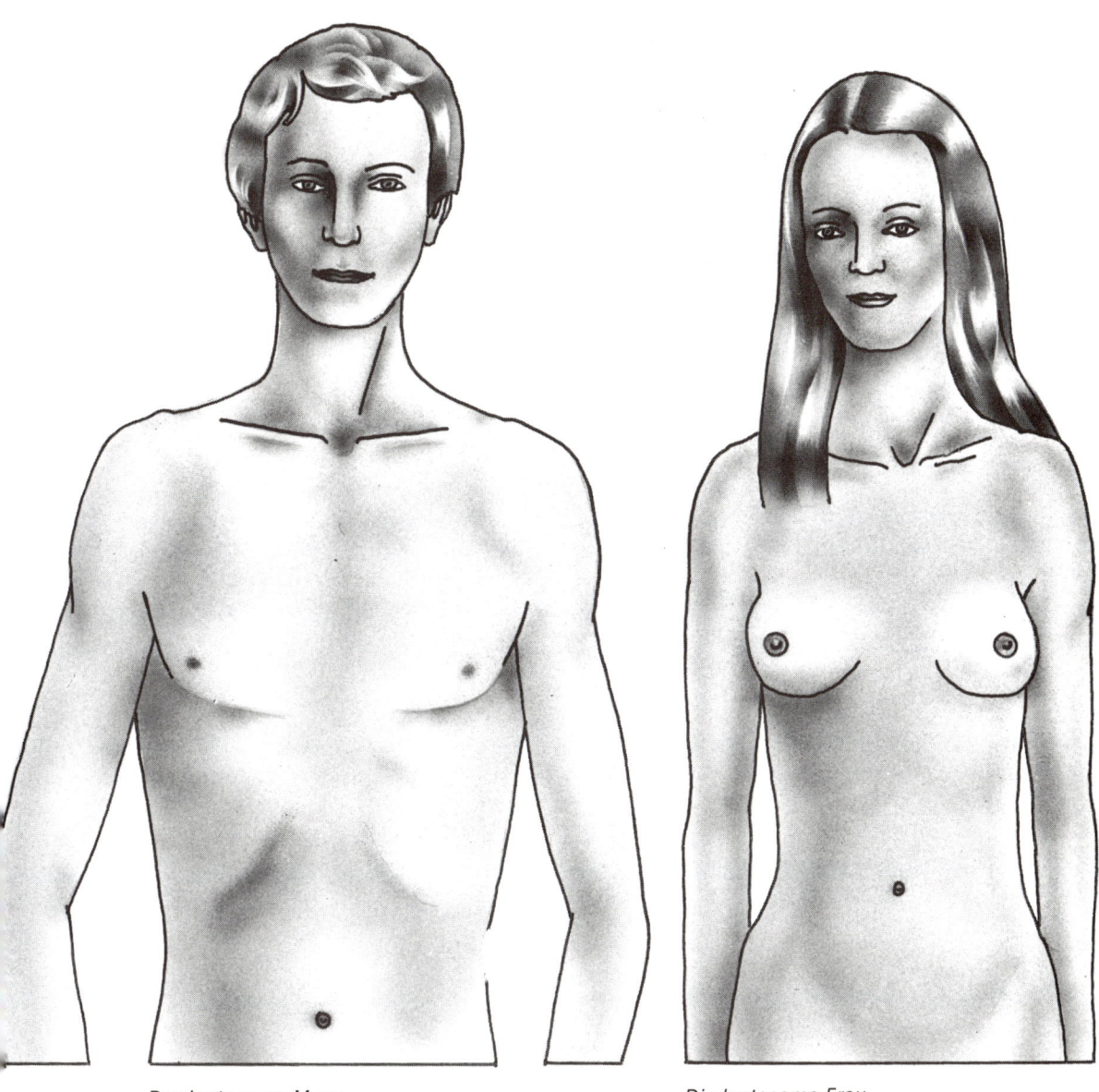

Der leptosome Mann   Die leptosome Frau

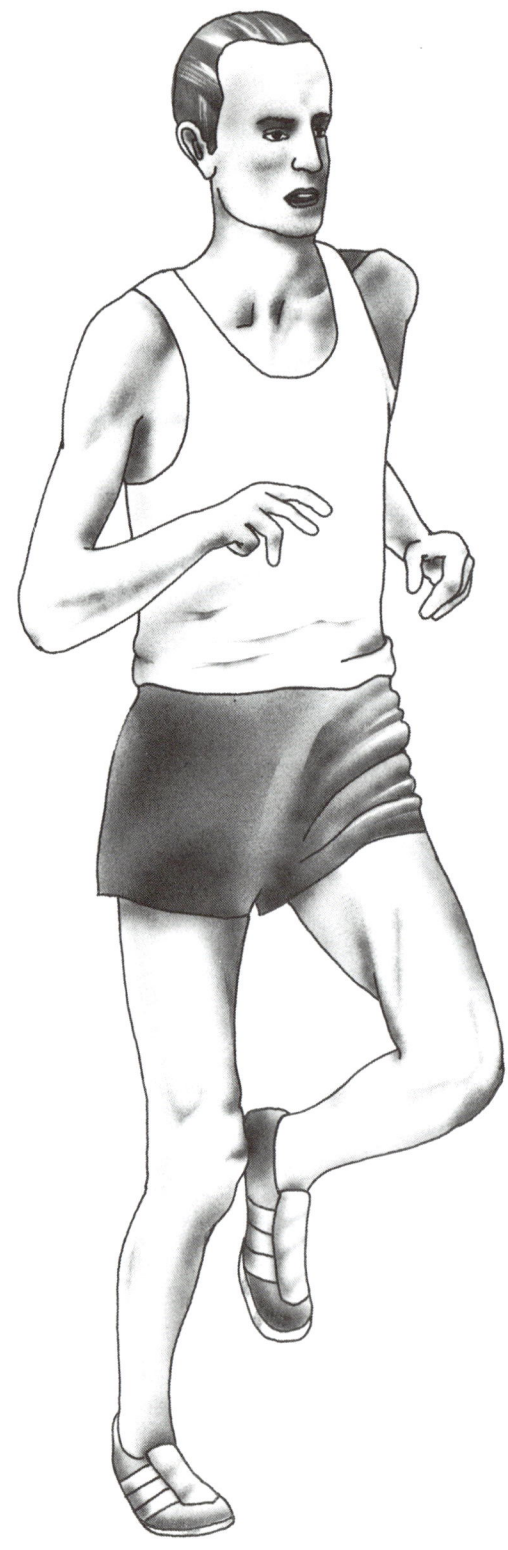
Der leptosome Sportler

So gibt er sich

○ Gekünstelt heiter, witzelnd und gesprächig.
○ Gleichmäßig freundlich, ruhig, scheinbar ausgeglichen.
○ Scheu, empfindsam.
○ Fade, langweilig.
○ Als kalter, nüchterner Verstandesmensch.
○ Als brutaler, vor nichts zurückschreckender Zyniker.

Die Leptosomen zeigen sich also nach außen sehr vielfältig. Das ist jedoch meist Fassade. In Wirklichkeit lebt der Leptosome in sich hinein.

Unter leptosomen Menschen findet man kalte Despoten, nüchterne Rechner, empfindsame Lyriker, mürrische Schweiger, asketische Heilige, fanatische Idealisten und Propheten, auch haltlose, zerfahrene Gammler, gefühllose Gewohnheitsverbrecher, kleinliche Pedanten, Spötter und Zyniker, hervorragende Stilisten und kultivierte Ästheten.

Die Leptosomen tragen oft zwei Seelen in ihrer Brust. Deshalb neigen sie häufig auch zu psychischer Unruhe, Spannungen und Nervosität.

Es kommt vor, daß der eine Teil der Persönlichkeit etwas will, was der andere Teil verabscheut. Der eine Teil liebt zum Beispiel die Kunst, und der andere Teil haßt die Sinnlosigkeit des ästhetischen Genusses, weil eventuell nur wenig Geld damit verdient werden kann. »Künstler« und »Kapitalist« bekriegen sich hier in einer Person. Die beiden Teile leben nicht friedfertig nebeneinander; jeder versucht die Oberhand zu gewinnen und den anderen zu verdrängen. Dadurch kann ein Charakterzwitter entstehen. Außerdem wird die Empfindungs- und Erlebnisfähigkeit dieser Menschen eingeschränkt, wenn die Gefühle von einem Teil der Persönlichkeit ständig kontrolliert und kritisiert werden.

Der Leptosome kann unbeugsam ein Ziel verfolgen. Andere Leptosome dagegen leben völlig gleichgültig und angepaßt. Es gibt Leptosome, die innerlich hohl und ausgestroben sind, andere wieder sind äußerst empfindsam und sensibel. Viele zeigen ein distanziertes und unpersönliches Verhalten zur Umwelt.

Leptosome Dichter

Friedrich Schiller

Joseph von Eichendorff

E.T.A. Hoffmann

Heinrich Heine

2. Der pyknische Typ

So sieht er aus: Der Knochenbau ist meist nur schwächlich ausgebildet. Auffallend ist vor allem die Fettbildung. Der Körper ist meist mittelgroß und etwas gedrungen. Das Gesicht ist weich und breit der Hals dick und kurz. Der Brustkorb ist gewölbt, und der Fettbauch wirkt mächtig. Die Hände sind weich und rundlich, die Gelenke meist zart. Das Gesicht ist unter Umständen fett, und die Augen erscheinen dadurch klein. Die Gesichtshaut ist oft leicht gerötet, die Körperhaut dagegen weiß.

Das auffälligste Merkmal am pyknischen Körperbautyp ist das Verhältnis Brust-Schulter-Hals. Die Schulterbreite ist gering, die Brust hat dagegen einen großen Umfang, und der Hals ist kurz.

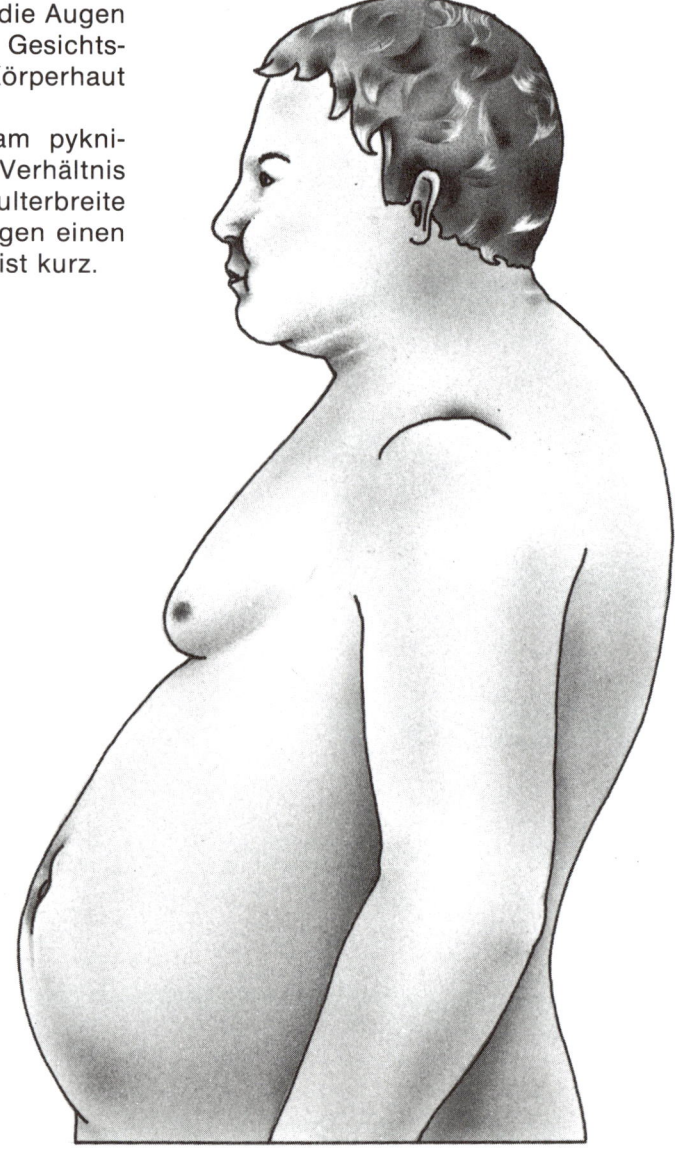

Der pyknische Körperbau

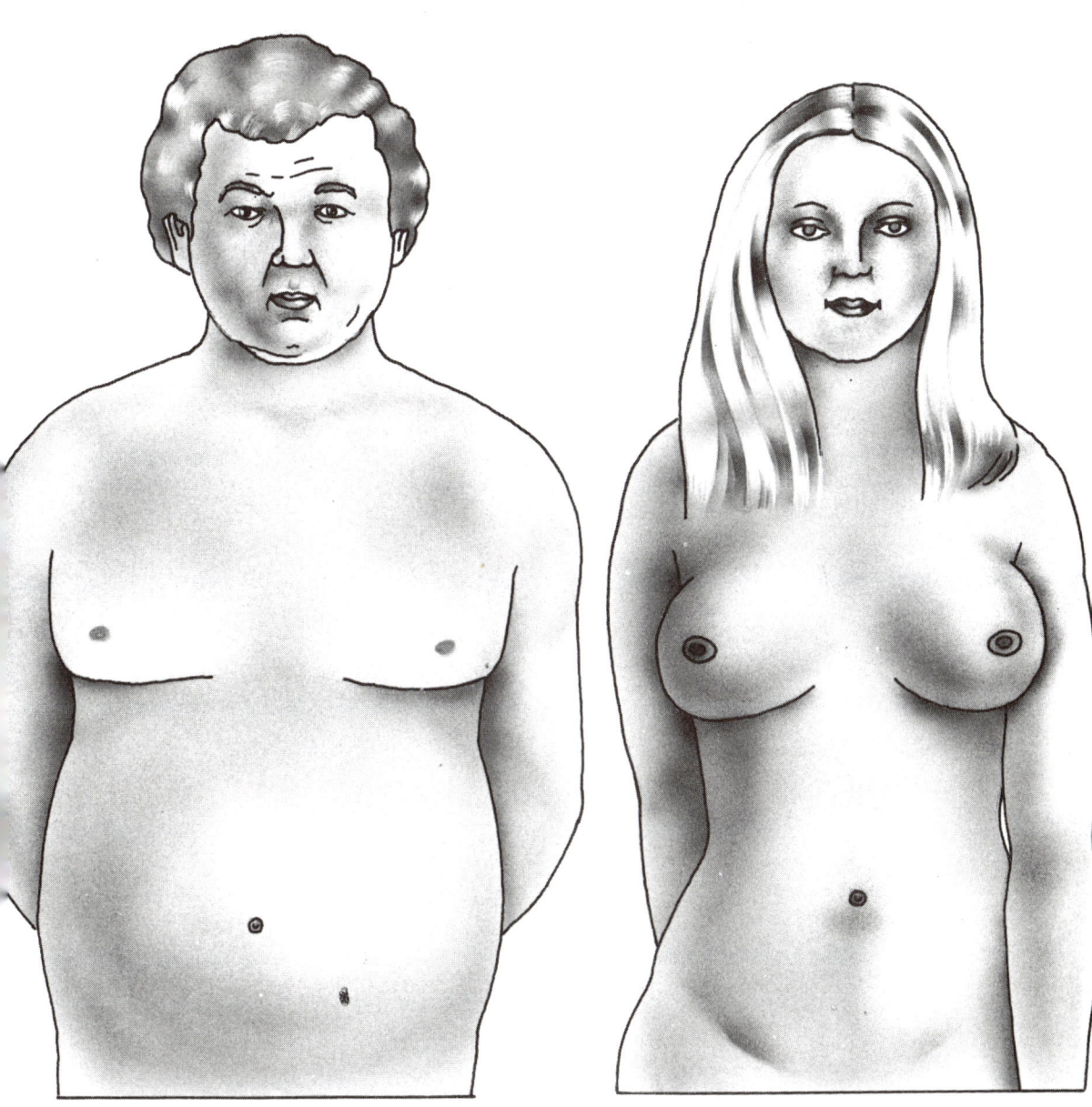

Der pyknische Mann   Die pyknische Frau

So ist der Pykniker

Er besitzt eine große Gefühlserregbarkeit, verbunden mit dem Bedürfnis, seine Gefühle zum Ausdruck zu bringen. Seine Stimmungen wechseln rasch. Durch eine Kleinigkeit kann heftiger Zorn ausgelöst werden, der bei einem neuen Eindruck schnell wieder verfliegt. Wenn ein Pykniker einmal wütend aufbraust, reagiert er schon kurze Zeit später wieder gutmütig und freundlich.

Bei manchen Pyknikern sind die konventionellen sozialen Hemmungen nur wenig ausgeprägt. Sie neigen zu naiver, nicht bösartig gemeinter Rücksichtslosigkeit. Ungebildete tendieren etwas zur Ungehemmtheit in der Ausdrucksweise, die andere Personen leicht verletzen kann.

Die Pykniker sind nicht alle gleich. Unter ihnen gibt es ganz verschiedene Charaktere. Viele Pykniker sind tüchtig, rührig und redselig. Sie leben gern und gesellig, lieben die Genüsse des Lebens, sind lustig, witzig und betriebsam.

Andere Pykniker sind optimistisch, gesellig und freundlich, neigen aber zu wechselnden Stimmungen. Sie werden leicht sentimental und melancholisch. Häufig sind Optimismus und Melancholie zugleich vorhanden. Diese »Mischung der Gefühle« erzeugt manchmal eine gesteigerte Reizbarkeit.

Unter den Pyknikern befinden sich auch stille, gemütvolle Menschen, die unter ihrem Mangel an Fröhlichkeit etwas leiden. Sie neigen zu pessimistischen Äußerungen und jammern und klagen sehr ausdrucksstark. Im Alter sind sie oft stille, resignierende Weltbetrachter.

Die Vielfältigkeit dieser Charaktermerkmale zeigt, daß man jeden Pykniker einige Zeit beobachten muß, bevor man weiß, zu welcher seelischen Grundstimmung er besonders neigt.

Adalbert Stifter

Wilhelm Busch

C. F. Meyer

3. Der athletische Typ

So sieht er aus: Die Muskeln sind kräftig entwickelt und die Schultern breit. Der Brustkorb ist fest und stark. Die Muskulatur tritt hervor. Der Knochenbau ist etwas grob. Hände und Füße sind groß. Auch das Gesicht ist muskulös; die Nase und der Unterkiefer sind kräftig entwickelt.

Der athletische Körperbau

Die Athletiker wurden bisher nicht so ausführlich untersucht wie die Leptosomen und Pykniker. Über ihre seelische Struktur weiß man bisher noch wenig. Kennzeichnend für den athletischen Typ ist ruhige Bedächtigkeit, Unerschütterlichkeit in erregenden Situationen mit zeitweise kurzen Affektexplosionen. Die Athletiker wirken stabil, zäh und nicht sehr wendig im Denken und Fühlen.

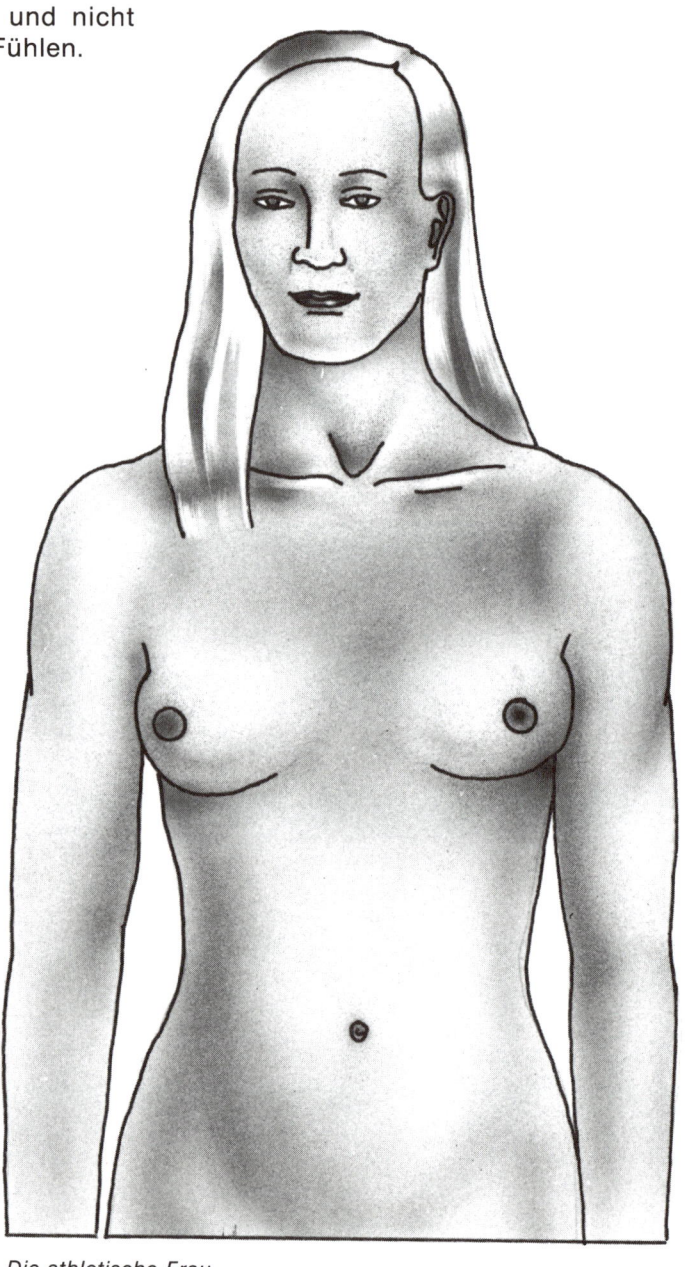

Die athletische Frau

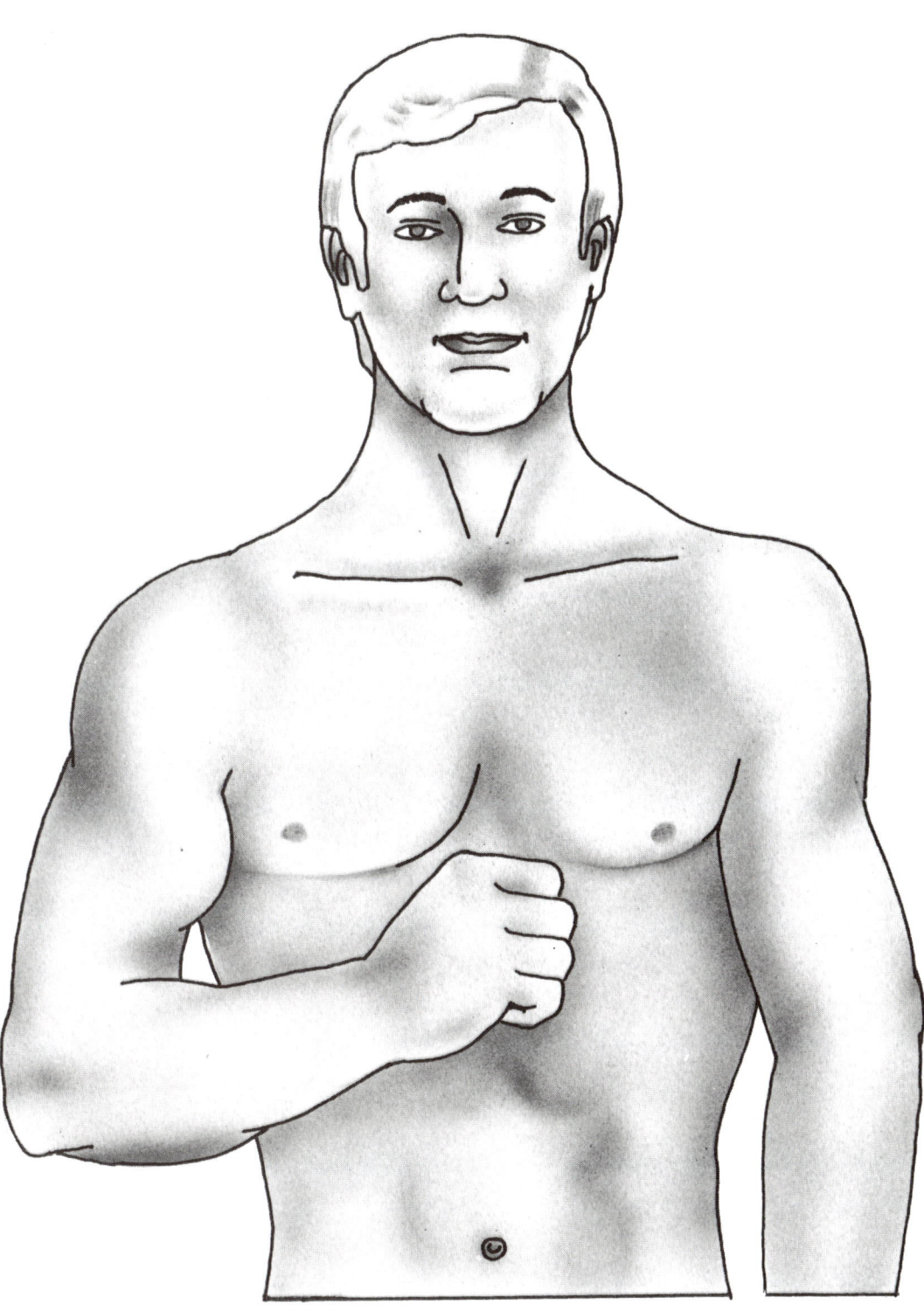

Der athletische Mann

4. Der dysplastische Typ

So sieht er aus: Beim Dysplastiker ist eine Körperregion unter- oder überentwickelt, während der übrige Körper normal ausgebildet ist.

Zu den dysplastischen Typen gehören außerdem Frauen mit männlichen Körperbauformen und Männer mit weiblichen Zügen sowie Zwergformen, Hoch- und Fettwuchs.

Die dysplastischen Körperbauformen beruhen mitunter auf einer Unter- oder Überfunktion der Drüsen.

In jedem Körperbautyp schlummert eine Tendenz zur Geisteskrankheit

Der Psychiater Ernst Kretschmer stellte fest, daß sich den Körperbautypen bestimmte Geistes- und Gemütskrankheiten zuordnen lassen. Er konnte diesen Zusammenhang zwischen Körperbau und Geisteskrankheiten statistisch nachweisen.

Wenn ein leptosomer Typ an einer Geistes- oder Gemütsstörung erkrankt, so wird er nach Kretschmers Untersuchungen mit größerer Wahrscheinlichkeit zur Schizophrenie neigen als etwa der Pykniker oder Athletiker. Kretschmer nennt diese latente Disposition »schizothym«. Sie äußert sich in distanziertem, zurückhaltendem Verhalten zur Umwelt, Zerstreutheit und Empfindlichkeit. Dieses Verhalten kann sich bis zu mißtrauischer Menschenscheu steigern. Kretschmer nennt solche Personen »schizoide Psychopathen«, doch kann auch hier noch nicht von einer echten Geisteskrankheit gesprochen werden. Dies ist erst dann

Der Unterschied zwischen Leptosomen und Pyknikern

	Pykniker	Leptosome
Tempo der Körperbewegungen	langsamer als der Leptosome	rascher als der Pykniker
Arbeitsweise	ungleichmäßiger als der Leptosome	gleichmäßiger als der Pykniker
Bevorzugung von Formen oder Farben	Farbbevorzugung	Formbevorzugung
Aufmerksamkeit	mehr auf das Ganze gerichtet	mehr auf das einzelne gerichtet
Umstellbarkeit auf Neues	leichter umstellbar als der Leptosome	schwerer umstellbar als der Pykniker
Verhalten in Erregung	explosiver als der Leptosome	beherrschter als der Pykniker
Verhalten in neuen Situationen	schwächere Erregung mit kürzerer Nachwirkung	stärkere Erregung mit längerer Nachwirkung
Ablenkbarkeit	leichter ablenkbar als der Leptosome	schwerer ablenkbar als der Pykniker
Konzentrationsfähigkeit	geringer als beim Leptosomen	größer als beim Pykniker
Abklingen von Erregungen	schneller als beim Leptosomen	langsamer als beim Pykniker

der Fall, wenn der Kontakt zur Umwelt vollständig verloren ist. Dann spricht man von Schizophrenie.

Schizophrene leben in sich hinein. Die Symptome dieser Krankheit sind sehr vielfältig: Denkzerfall, Sinnestäuschungen (Halluzinationen), Wahnideen, Antriebsstörungen, absonderliches Verhalten und Wesensveränderung.

Wie beim Leptosomen im Fall einer psychisch-geistigen Erkrankung eine erhöhte Wahrscheinlichkeit zur Schizophrenie besteht, neigt der Pykniker eher zur manisch-depressiven Verstimmung als zu einer anderen Geistes- oder Gemütskrankheit.

Kretschmer nennt die latente Disposition des Pyknikers, dem im Bereich des Kranken die manisch-depressive Verstimmung entspricht, »zyklothym«. Sie äußert sich in optimistischer Lebenshaltung und unermüdlicher Regsamkeit; heitere und traurige Stimmungen wechseln einander ab. Treten diese Symptome gesteigert auf, unterliegt der Pykniker sehr starken Gefühlsschwankungen und neigt zu kritikloser Plänemacherei mit zielloser Geschäftigkeit, dann spricht Kretschmer vom »zykloiden« Menschen. Diese Menschen sind nicht eigentlich als krank zu bezeichnen, sondern weichen lediglich von der durchschnittlichen Verhaltensnorm ab. Manisch-depressive Symptome äußern sich in unbegründeten Verstimmungen, die meist spontan und ohne erkennbaren Grund einsetzen. Die Stimmungen sind entweder heiter und ausgelassen (Manie) oder traurig (Depression) – was wesentlich häufiger vorkommt. Diese Verstimmungen sind vorübergehend. Sie können einige Tage, manchmal bis zu mehreren Monaten anhalten. In vielen Fällen kehren sie nach einem unbestimmten Zeitraum, meist nach einigen Jahren, wieder; häufig wechseln die beiden Phasen einander ab.

Als ausgeprägte Gemütskrankheit schließlich zeigt sich die Manie in Symptomen wie krankhafte Selbstüberschätzung, notorische Unruhe, Erregung und Enthemmung sowie Neigung zur Ideenflucht.

Die Depression zeigt sich an folgenden Symptomen: Willens- und Denkhemmung, Minderwertigkeits-, Verarmungs-, Schuld- und Krankheitsideen. Antriebslahmheit sowie Schlaf- und Appetitlosigkeit.

Die Statistik der Geisteskrankheiten

Die drei Grafiken auf der nächsten Seite zeigen die Verteilung der vier Körperbautypen, die sich bei einer von Kretschmer 1955 belegten statistischen Untersuchung von Westphal an 8099 Geisteskranken ergab.

Schizophrene sind vorwiegend leptosom

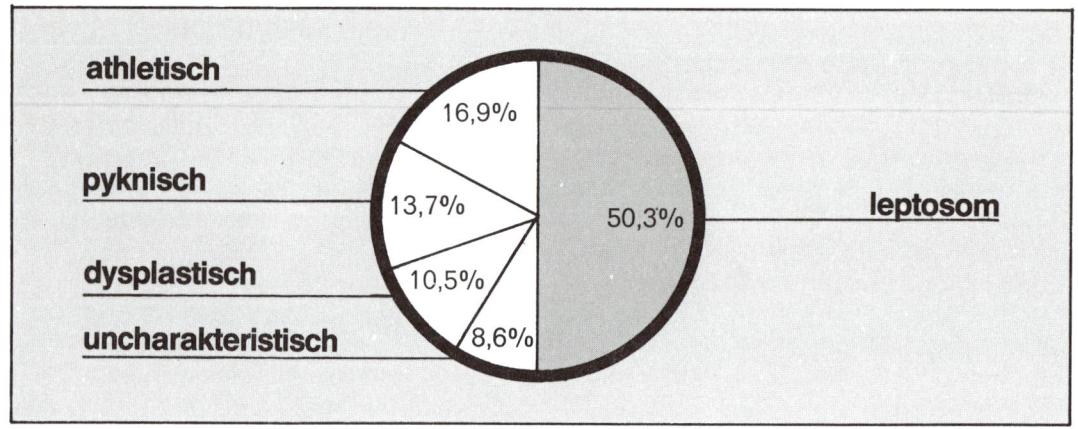

Manisch-Depressive sind vorwiegend pyknisch

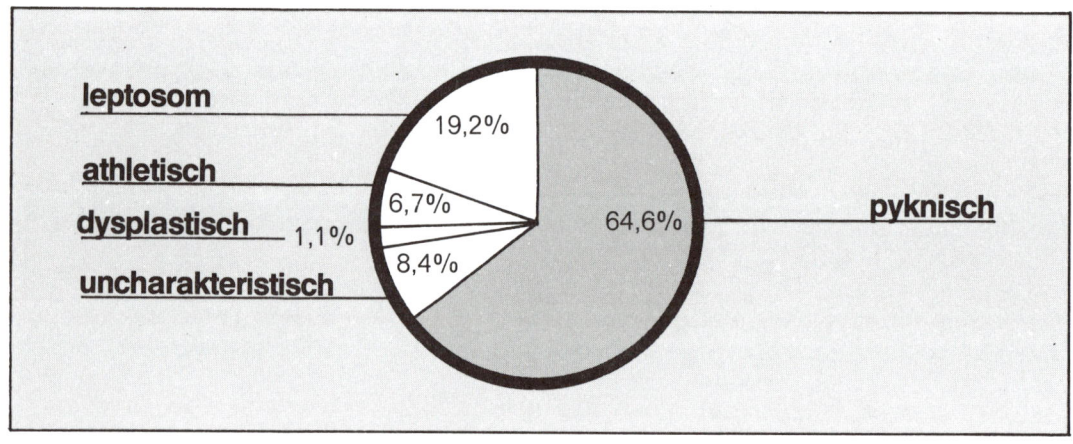

Epileptiker sind vorwiegend dysplastisch, athletisch oder leptosom

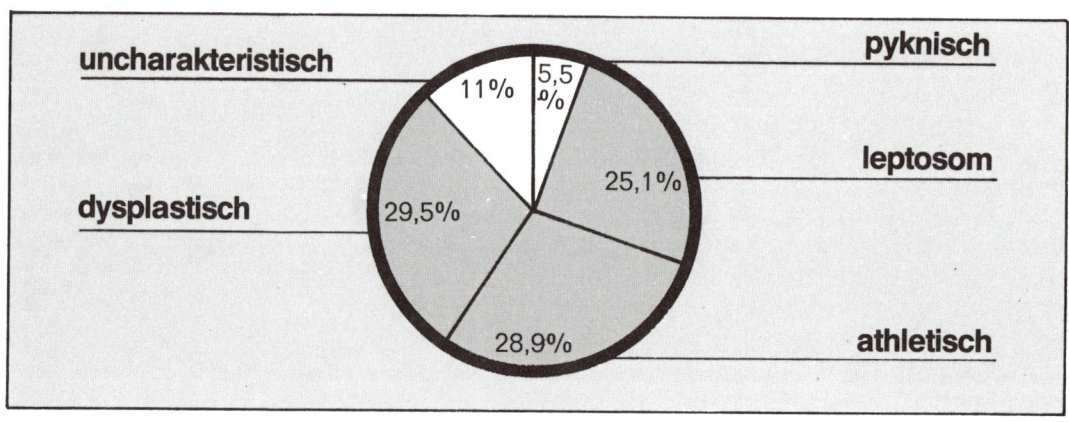

Die Epilepsie ist eine Krankheit, die sich in Krampfanfällen äußert. Die Stimmung der betroffenen Menschen kann »geladen« oder explosiv sein. Geringfügige Anlässe können manchmal zu Zornausbrüchen und Gewalttaten führen.

Vorsicht bei psychologischen Beurteilungen der Körperbautypen

Nicht alle Menschen lassen sich aufgrund ihres Körperbaus exakt festlegen. Ein großer Prozentsatz sind Mischformen.

Auch die charakterologische Deutung von Körperbautypen trifft nicht in allen Fällen zu. Eine hundertprozentige Charakteranalyse allein aufgrund der Betrachtung des Körperbaus ist nicht möglich. Sie sollte deshalb nur als Teilinformation über einen Menschen dienen. Um zu einer besser abgesicherten Menschenkenntnis zu gelangen, müssen noch viele andere Merkmale berücksichtigt werden.

Besonderheiten des Gesichtsausdrucks

Kann man Krankheiten im Gesicht erkennen?

Erfahrene Ärzte können nach dem Gesichtsausdruck und aufgrund von Besonderheiten der Haut bereits eine erste vorläufige Diagnose stellen. Wenn die Haut mit roten Flecken und Pünktchen bedeckt ist, kann zum Beispiel eine Allergie vorliegen. Auch Magen- und Darmstörungen sowie Fieberschübe bei Infektionen können die Ursache sein.

Manche Frauen bekommen in aufregenden Situationen (mit positiver Erwartung) rote Flecken am Hals. Daran zeigt sich, daß sie innerlich aufgewühlt und angespannt sind.

Ist das Gesicht von einer leichten Röte fleckenartig oder großflächig überzogen, kann ein Verdacht auf Diabetes (Zuckerkrankheit) bestehen.

Wenn die Haut fahl-gelb, erdig oder braun-gelblich ist, kann eine Lebererkrankung vorliegen. Die Haut verfärbt sich auf diese Weise auch durch übermäßigen Genuß von Mohrrüben und Tomaten. Auch das Gift Arsen verfärbt die Haut braun-gelblich.

Auffallende Blässe kann viele Ursachen haben: Kreislaufstörungen, Vergiftungen, innere Blutungen und Schock bei Unfällen, Herzinfarkt oder Lungenembolie. Oft ist die Blässe auch die Folge eines Mangels an rotem Blutfarbstoff.

Auch ein Hautausschlag kann viele verschiedene Ursachen haben: Arzneimittelallergie, Überempfindlichkeit gegen bestimmte Speisen, Stoffwechselleiden oder Menstruation.

Das ständige Hervortreten der Augäpfel ist meist auf die Basedowsche Krankheit zurückzuführen. Es handelt sich dabei um eine Hormonstörung der Schilddrüse.

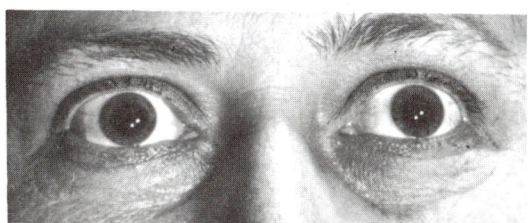

Basedowsche Krankheit

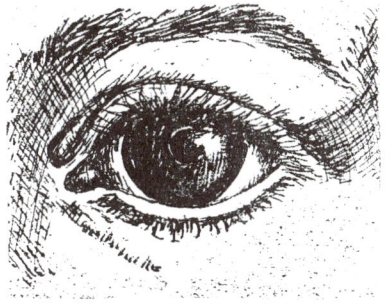

Normales europäisches Auge

Normales mongolisches Auge

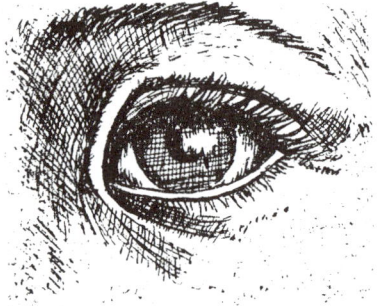

Downsche Krankheit
mit mongolischem Einschlag

Es gibt eine Krankheit, die an einer anderen charakteristischen Veränderung der Augen erkannt werden kann. Die Downsche Krankheit (oder Mongolismus) geht auf eine regelwidrige Anordnung der Chromosomen zurück. Ein Kind mit dieser Chromosomenveränderung ist meistens geistig zurückgeblieben und besitzt Augen, die dem mongolischen Auge ähnlich sind.

Die Merkmale des Managergesichts

Ein interessantes Beispiel für eine mimische Untersuchung an einer speziellen Berufsgruppe ist die Studie der Kölner Testpraxis »Psychologische Diagnostik« Es wurden 121 Managerfotos begutachtet.

Die Auswahl der Manager (vor allem Deutsche) erstreckte sich über alle Altersstufen: vom Juniorchef bis zum pensionsreifen Generaldirektor. Es wurden Fotos sowohl von erfahrenen wie auch von jungen Managern ausgewertet. In der Tabelle sind verschiedene Merkmale des Managergesichts, nach ihrer Häufigkeit geordnet, zusammengestellt.

Die Symptomtabelle zeigt, daß bei Managern vor allem vier Merkmale besonders häufig sind: verpreßter Mund, vertikale Stirnfalten, Mundwinkelfalten und horizontale Stirnfalten. Daraus kann folgende Diagnose abgeleitet werden: Manager sind willensbestimmt, entschlossen, aktiv und zum Teil auch aggressiv. Sie besitzen Selbstbeherrschung, Skepsis, Eigensinn und Verbissenheit.

Obwohl die Manager teilweise wußten, daß sie fotografiert wurden, ist ihr Leben meist verschlossen oder nur schwach ausgeprägt. Das kontaktfreudige, geöffnete Keep-smiling-Lächeln ist selten.

Die horizontale Stirnfaltung ist zwar etwas seltener als die vertikale, aber dennoch recht häufig. Es folgen in der Häufigkeitsverteilung die gesenkten Mundwinkel, und zwar bei gespannten Lippen. Das bedeutet: Mißmut, Abweisung, manchmal Verachtung. Die Nasolabialfalte kommt häufig zusammen mit den gespannt gesenkten Mundwinkeln vor. Das signalisiert Unzufriedenheit und Verachtung.

Nennenswerte Häufigkeitsziffern erreichen in der Statistik noch das abgedeckte Auge und der seitliche Blick. Das abgedeckte Auge in der Form des beobachtenden Blicks tritt bevorzugt mit vertikaler Stirnfaltung, verpreßtem Mund und gespannt-gesenkten Mundwinkeln auf. Die Deutungsskala reicht von Konzentration über willensmäßige Entschlossenheit bis zu Aggressivität. Der seitliche Blick gibt dem Gesicht oft auch einen mißtrauischen Ausdruck.

Der mimische Ausdruck der Passivität, Beschaulichkeit, Empfindsamkeit, Demut, Spannungslosigkeit, der unbeschwerten Kontaktfreudigkeit oder willensmäßigen Schwäche ist in Managergesichtern sehr selten zu finden.

Die Symptome nach ihrer Häufigkeit geordnet

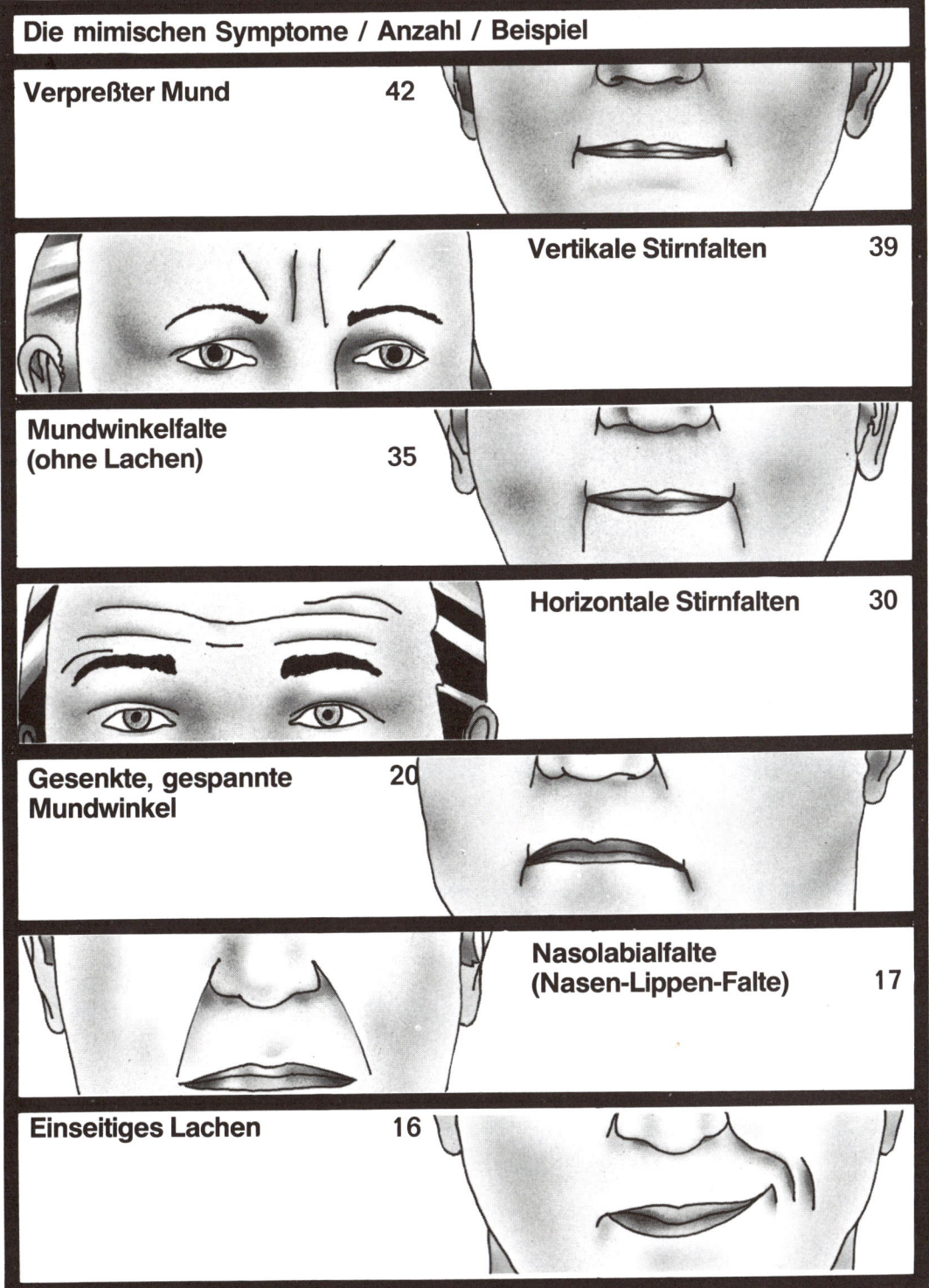

Die mimischen Symptome / Anzahl / Beispiel		
Verpreßter Mund	42	
Vertikale Stirnfalten	39	
Mundwinkelfalte (ohne Lachen)	35	
Horizontale Stirnfalten	30	
Gesenkte, gespannte Mundwinkel	20	
Nasolabialfalte (Nasen-Lippen-Falte)	17	
Einseitiges Lachen	16	

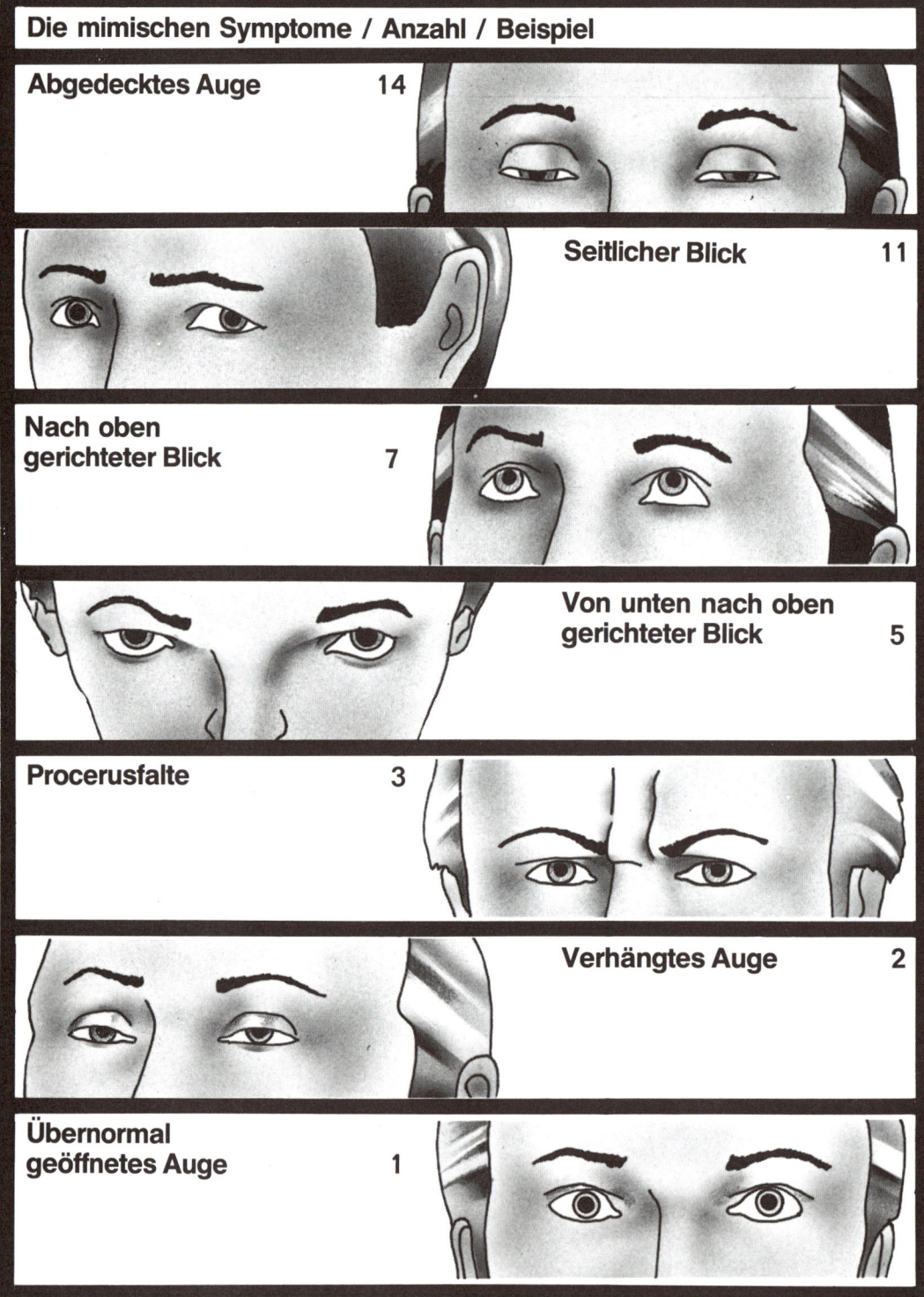

Die mimischen Symptome / Anzahl / Beispiel

Abgedecktes Auge   14

Seitlicher Blick   11

Nach oben gerichteter Blick   7

Von unten nach oben gerichteter Blick   5

Procerusfalte   3

Verhängtes Auge   2

Übernormal geöffnetes Auge   1

Gesicht und Alter

Die Grundform des Gesichts ist durch die Zufälle der Vererbung bedingt. Im Laufe der Lebensjahre zeichnen sich jedoch die Spuren des gelebten Lebens ein. Erlebnisse, Erfahrungen und Krankheiten prägen das Gesicht.

Muskeln, die häufiger angespannt werden, entwickeln sich kräftiger, und die Gesichtshaut bekommt charakteristische Falten.

Die Mundform kann durch die Muskeln zum Beispiel völlig umgebildet werden. Aus weichen, schön geschwungenen Lippen kann im Laufe des Lebens ein scharf geschnittener verbissener Mund werden.

Ein Beispiel dafür sind die beiden Porträts des Philosophen Arthur Schopenhauer. Das Jugendbild zeigt ihn mit vollem, schwellendem Mund. Das Altersbild ist durch harte Arbeit, Enttäuschungen und ein einsames Leben geprägt. Es zeigt Verbitterung. Die Oberlippe ist verbissen nach innen eingezogen, die Mundwinkel zeigen nach unten. Die Nasolabialfalte (Nasen-Lippen-Falte) ist tief eingegraben und zeigt die große Unzufriedenheit. Wäre Schopenhauers Leben anders verlaufen, dann hätte sein Altersbild auch anders ausgesehen.

Nach genußfrohen Sturm- und Drangjahren arbeitete Schopenhauer hart. Sein Hauptwerk »Die Welt als Wille und Vorstellung« erschien, aber der erwartete Erfolg blieb völlig aus. Die meisten Exemplare der ersten Auflage wurden wieder eingestampft. Auch als akademischer Lehrer konnte er sich nicht durchsetzen. Bei der Besetzung von Hegels Lehrstuhl wurde er übergangen. Er entwickelte sich immer mehr zum Menschenverächter und Verkünder der Begierdelosigkeit und lebte dreißig Jahre fast ganz für sich allein. Die Umwandlung von Schopenhauers Gesicht zeigt beispielhaft den Einfluß des Lebens auf die Physiognomie.

Der Philosoph Arthur Schopenhauer in der Jugend und im Alter

Unter dem Einfluß von chronischem Mißtrauen und Verachtung kann sich die

Der verfestigte Ausdruck der Unzufriedenheit im Gesicht eines alten Mannes

Mimik so verfestigen, daß sie schließlich zum typischen Ausdruck eines Gesichts wird.

Die Augen sind durch den Augenschließmuskel leicht zugekniffen. Die Lippen

Der durch häufiges »Naserümpfen« verfestigte Ausdruck der Unzufriedenheit im Gesicht einer Bäuerin

sind drohend vorgeschoben. Die tief eingegrabenen Nasolabialfalten spiegeln in der Gesamtmimik die Unzufriedenheit des alten Mannes wider. Die ausgeprägte Procerusfalte deutet auf eine kämpferische Verbissenheit.

Das »Naserümpfen« – auch ein Zeichen für Unzufriedenheit – kann sich, wenn es einmal zur Gewohnheit geworden ist, einem Gesicht derart einprägen, daß es im Alter immer naserümpfend aussieht.

Adenauers Patriarchengesicht hatte ein Aussehen, das in Richtung »Indianer-Ehrenhäuptling« ging. Er war ein Mann mit festgefügter Wesensstruktur. Die Zeit grub lediglich feste Runen in das sonst gelassene Gesicht.

Herbert Wehners Gesichtszüge sind dagegen weniger ausgeglichen. Er hat sich seine politische Laufbahn nie bequem gemacht. Sein Gesicht spiegelt sein leicht aufbrausendes und spannungsgeladenes Temperament wider.

Das Auge im Alter

Die Gewebespannung läßt im Alter nach und damit auch der Druck im Augapfel. Das Greisenauge wird deshalb normalerweise schlaff, welk und klein. Bei innerlich jung gebliebenen Greisen gibt es jedoch Ausnahmen. Das zeigt das Foto einer 96jährigen Handwerkersfrau.

Der Arzt Fritz Lange schreibt über diese Greisin: »Das Fett ist völlig geschwunden, der schlaffe Hautsack ist in zahllose Falten zusammengesunken. Die Augen liegen tief in der Höhle, aber sie leuchten aus der Tiefe hervor, weil der Augapfel seinen Turgur, seine Spannung, behalten hat. Die Augen sind bei der Greisin jung geblieben, und die Augäpfel geben dem Gesicht noch einen hohen Grad von geistiger Lebendigkeit.«

Auch Goethe soll im Alter solche Augen gehabt haben. Ein Stich von Schwerdtgeburth zeigt ihn 1832, im Jahr seines Todes.

Konrad Adenauers Patriarchengesicht

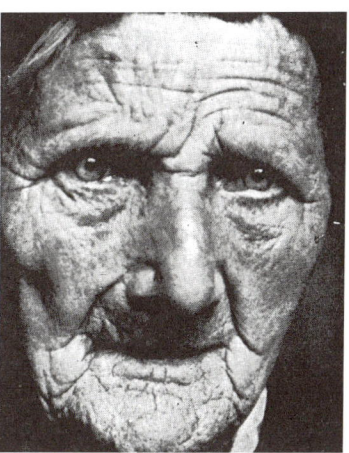

Herbert Wehners
spannungsgeladenes Gesicht

Die »jungen Augen« einer
Handwerkersfrau, 96 Jahre alt

Goethes »junge Augen«

91

Täuschungsmöglichkeiten und Irrtümer bei der Beurteilung von Menschen

Die Erfassung von Eindrücken ist von der Stimmung abhängig, in der man sich befindet. In gedrückter Stimmung sieht die Welt grau aus. In ängstlicher Stimmung erscheinen die Menschen gefährlicher und furchterregender, als sie in Wirklichkeit sind. Die persönliche Stimmungslage des Beobachters beeinflußt also stets den objektiven Eindruck. Es gibt deshalb nur einen »subjektiven« Eindruck.

Im Alltag gelangt man schnell zu einem festgefügten Urteil. Wurden einige positive Eigenschaften an einem Menschen entdeckt, neigt man dazu, ihm auch noch einige andere gute Eigenschaften zuzuschreiben, um das Charakterbild positiv abzurunden. Diese Verallgemeinerung wird als »Halo-Effekt« bezeichnet.

Der Halo-Effekt

Er ist besonders deutlich, wenn Sympathie oder Antipathie die Beurteilung färben. Bei Sympathie besteht die Tendenz, einem Menschen möglichst viele gute Eigenschaften zuzuschreiben. Sympathie und vor allem Liebe machen »blind«. Besonders der Verliebte sieht durch eine »rosarote Brille« vorwiegend die positiven Eigenschaften. Negative Eigenschaften werden unbewußt in positive umfunktioniert.

Genauso falsch urteilt natürlich auch eine Person, die Antipathie oder Haß empfindet. Wer haßt, sieht durch eine graue Brille nur noch schlechte und verdammenswerte Eigenschaften. Positive Eigenschaften werden in negative umfunktioniert. Dem Verhalten werden schlechte Motive untergeschoben: Er macht das nur, weil er imponieren will; er verspricht sich einen Vorteil davon usw.

Die Auswirkung des Halo-Effekts hat Viktoria Brandner 1960 am Wiener Psychologischen Institut in einem interessanten Experiment untersucht. In einer Schulklasse mußten alle Kinder ein Gedicht auswendig lernen. Der beste und der schlechteste Schüler sollten das Gedicht vortragen. Ihre Gedichte enthielten absichtlich fünfzehn Fehler. Beide Schüler trugen ihr Gedicht mit den gleichen Fehlern vor. Die Klasse sollte die Fehler zählen. Beim besten Schüler wurden durchschnittlich 9,22 Fehler, beim schlechtesten dagegen 14,24 Fehler gezählt. Das zeigt, daß der Ruf, in dem ein Schüler steht, für seine Beurteilung eine große Rolle spielt. Der Ruf oder das Image führen zu einer jeweils ganz anderen Erwartungseinstellung. Vom besseren Schüler werden weniger Fehler erwartet, also wurden *unbewußt* Fehler übersehen. Beim schlechteren Schüler werden mehr Fehler erwartet, also fielen der Klasse unbewußt auch mehr Fehler auf. Der schlechte Schüler wurde aufgrund seines Rufs viel kritischer beurteilt.

Zur Kontrolle wurde dieses Experiment auch in einer Klasse durchgeführt, die die beiden Schüler nicht kannte und weder eine positive noch eine negative Erwartungseinstellung hegte. Jetzt war die durchschnittlich beanstandete Fehlerzahl fast gleich (10,35 zu 11,18).

Die Vorurteile

Eine weitere Fehlerquelle bei der Beurteilung von Menschen sind »Stereotype«. Man hat eine fast geprägte Vorstellung, ein Vorurteil, von einer bestimmten Berufsgruppe (zum Beispiel Autohändler, Lehrer, Künstler usw.) oder Rasse (Neger, Indianer, Chinese usw.) oder Bildungsschicht (Arbeiter, Studenten usw.). Man hat sofort eine Eigenschaftsliste für die entsprechende Gruppe parat. Diese Stereotype beherrschen den Alltag, denn sie sind bequem vereinfachend.

Liste der häufigsten Vorurteile

Über Berufsgruppen:
Künstler sind leichtlebig.
Professoren sind zerstreut.
Studenten stehen politisch links.
Manager haben die Managerkrankheit.
Über Volksgruppen:
Schotten und Schwaben sind geizig.
Neger sind dümmer als Weiße.
Juden sind geschäftstüchtiger als andere Rassen.
Über Körpermerkmale:
Schöne Frauen sind dumm.
Volle Lippen zeigen Sinnlichkeit.
Hohe Stirn bedeutet Intelligenz.
Eine Hakennase bedeutet Kühnheit.
Zusammengewachsene Augenbrauen bedeuten Brutalität.
Breites, wuchtiges Kinn bedeutet Durchsetzungskraft.
Frauen mit üppigem Busen sind besonders sinnlich.

Die individuelle Beurteilungstendenz

Es gibt Personen, die grundsätzlich eher gute Urteile abgeben, andere Personen sind überkritisch und urteilen durchweg mehr negativ. Wer eher positive Urteile abgibt, ist meist aufgeschlossen, optimistisch und kontaktbereit. Wer mehr zu negativen Urteilen neigt, ist dagegen mißtrauischer, skeptischer und zurückhaltender eingestellt.

Die projektive Täuschung

Man begegnet im Alltag Menschen, die in ihrem Verhalten oder Aussehen an eine andere Person erinnern (zum Beispiel den Vater, die Mutter, einen ehemaligen Lehrer, Freund oder Arbeitskollegen). Aufgrund dieser äußeren Ähnlichkeit schließt man irrtümlich auch auf eine Ähnlichkeit im psychischen Bereich.

Man neigt dazu, sich gegenüber der Person, die an den ehemaligen Lehrer erinnert, ähnlich einzustellen wie als Schüler. Die alten Minderwertigkeitsgefühle steigen auf, man wird unsicher, weil man zum Beispiel hinter dieser ähnlichen Person den gleichen Zynismus vermutet, der einen bei dem ehemaligen Lehrer vielleicht besonders belastet hat.

Es gibt Prägungsphasen bestimmten Personentypen gegenüber. Die Autoritätsprägung zum Beispiel geschieht in der Kindheit durch den Einfluß von Eltern und Lehrern.

Die Prägung gegenüber Liebespartnern vollzieht sich während der Pubertät und in den Jahren danach. Dem ersten Liebespartner kommt deshalb eine große Bedeutung zu. Es gibt Männer, die durch ihre erste Liebe für ihr ganzes Leben auf einen bestimmten optischen Typ fixiert sind, zum Beispiel: blond, lange Haare, schlank, sportlich, blaue Augen – oder: schwarze kurze Haare, mollige Figur, dunkle Augen.

Aufgrund dieser Fixierung in der Pubertät fällt mancher immer wieder auf denselben Typ herein. Ich kenne einen Mann, der aufgrund seiner ersten Liebeserfahrung nur große, rothaarige Frauen bevorzugt. Schwarzhaarige wirken auf ihn neutral. Sie interessieren seine Sexualität so gut wie nicht. Er projiziert auch stets dieselben Eigenschaften in seinen Frauentyp hinein: intelligent, temperamentvoll, stark emotional und sexuell aktiv. Es fällt ihm schwer, zu glauben, daß eine große, rothaarige Frau auch unintelligent, träge und unterkühlt sein könnte. Die Eigenschaften werden also aufgrund des optischen Eindrucks in die jeweilige Frau *hineinprojiziert*. Durch diesen Projektionsmechanismus ist die objektive Menschenkenntnis stark beeinträchtigt, denn die Projektion macht blind für eine vorurteilsfreie Beurteilung.

Dieses Beispiel wirkt extrem. Aber in Wirklichkeit steckt jeder Mensch voll von Prägungen, die täglich unbewußte Projektionsmechanismen dieser Art auslösen.

Eine verbreitete Projektion kann man

bei Untergebenen gegenüber ihrem Chef beobachten. Häufig sehen sie in ihrem Chef eine Art Vater- oder Lehrerfigur. Statussymbole sind deshalb für Chefs ein wichtiges Mittel, Macht zu demonstrieren und Mitarbeiter einzuschüchtern. Die Autorität funktioniert besonders gut, wenn ein Chef es versteht, den Vater-Sohn-Effekt zu erzeugen. Dann ist die Autorität durch den Projektionsmechanismus besonders gut gesichert.

Viele Chefs nutzen ihre Autorität aus. Sie halten sich auf diese Weise lästige Diskussionen vom Leib und vermeiden es, sich selbst in Frage stellen zu lassen. Durch die Unterwürfigkeit ihrer Mitarbeiter können sie außerdem ihr eigenes Selbstbewußtsein weiter aufbauen.

Ein interessanter Aspekt des Projektionsmechanismus ist in vielen Ehen zu beobachten. Wenn eine Frau Kinder geboren hat, sagt der Ehemann oft »Mutti« und die Frau »Vati«. Häufig geschieht dann folgende Projektion: Im Alltag nimmt die Frau immer mehr eine betreuende Mutterstellung ein – wenn dann die sorgende Mutti auch noch stets als »Mutti« angesprochen wird, bilden sich Mutterprojektionen. Aufgrund des Inzesttabus ist es jedoch nicht gestattet, mit der Mutter sexuell zu verkehren. Der Mann kann aus diesem Grund bei der eigenen Frau impotent werden. Andererseits wird die Frau bei ihrem »Vati« frigide.

Die Ähnlichkeitstäuschung

Oft glaubt man, daß Menschen, die sympathisch wirken, ähnliche Eigenschaften haben, die man auch sich selbst zuschreibt. Bei unsympathischen Menschen stellt man dagegen selten eine Ähnlichkeit mit sich selbst fest. Ein anderes Beispiel: Wer selbst einen hohen Intelligenz-Quotienten (IQ) besitzt, neigt dazu, andere Menschen in ihrer Intelligenz höher einzuschätzen, als sie es tatsächlich sind.

Wissensfragen
Was haben Sie behalten?

Mit den folgenden siebzehn Fragen können Sie selbst prüfen, wieviel Informationen Sie behalten haben. Sie können dabei feststellen, wie aufmerksam Sie das Buch bis zu dieser Stelle gelesen haben.

1 Kreuzen Sie an, welcher Körperbautyp abgebildet ist.

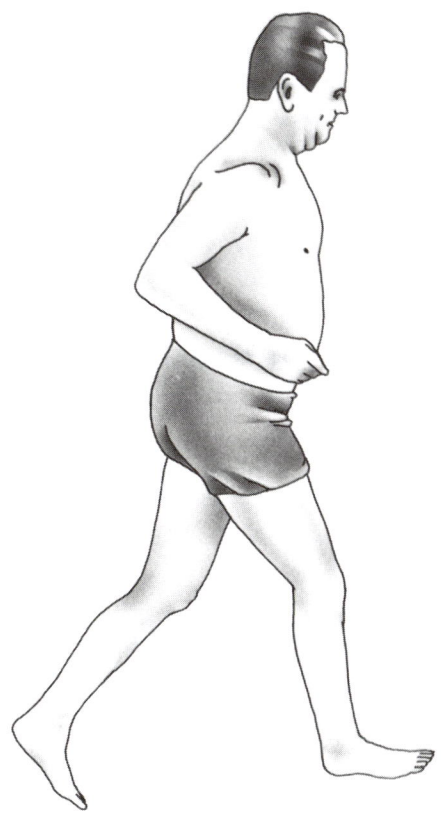

a) Leptosom
b) Pykniker
c) Athletiker
d) Dysplastiker

2 Kreuzen Sie an, welcher Körperbau abgebildet ist.

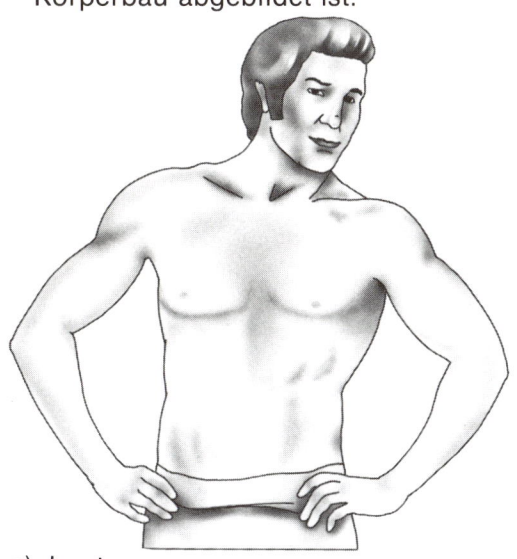

a) Leptosom
b) Pykniker
c) Athletiker
d) Dysplastiker

3 Kreuzen Sie an, welcher Körperbau abgebildet ist.

a) Leptosom
b) Pykniker
c) Athletiker
d) Dysplastiker

4 Welcher Körperbautyp verhält sich bei emotionaler Erregung beherrschter?
a) Der Pykniker ist beherrschter als der Leptosom
b) Der Leptosom ist beherrschter als der Pykniker

5 Welcher Körperbautyp besitzt eine größere Konzentrationsfähigkeit?
a) Pykniker
b) Leptosom

6 Welcher Körperbautyp neigt am ehesten zu manisch-depressiven Verstimmungen?
a) Leptosom
b) Pykniker
c) Athletiker
d) Dysplastiker

7 Welche Eigenschaft kann hinter einem Gesicht vermutet werden, das folgende Ausdruckssymptome zeigt: herabgezogene Mundwinkel, bei erhobenem Kopf Blick nach unten gerichtet, Heben der Nasenflügel?
a) Blasiertheit
b) Resignation
c) Verachtung

8 Wie sieht die Mimik eines überraschten Menschen aus?
a) Erweiterte Pupille, vertikale Stirnfalten und herabgezogene Mundwinkel
b) Übernormal geöffnetes Auge, hochgezogene Brauen und leicht geöffneter Mund
c) Horizontale Stirnfalten, verpreßter Mund und weit geöffnete Augen

9 Durch welche der drei Eigenschaften entstehen am ehesten Kontaktschwierigkeiten?
a) Blasiertheit
b) Entschlossenheit
c) Verzücken

10 Was bedeutet bei erhobenem Kopf der Blick von oben?
a) Verzücken
b) Verlegenheit
c) Blasiertheit

11 Wie äußert sich Selbstbehauptung in der Stimme?
a) Brustklang der Stimme
b) Starker Wechsel der Stimmstärke
c) Schwankungen des Sprechtempos

12 Wie kann sich ein Mangel an Vitalität in der Stimme ausdrücken?
a) Schwankungen der Sprechgeschwindigkeit
b) Unregelmäßiges Schwanken der Stimmstärke bei geringer Stimmfülle
c) Kopfklang der Stimme

13 Woran kann man die Intelligenz eines Menschen besser erkennen?
a) am Gesichtsausdruck
b) am Sprechausdruck

14 Welche Bindungsform der Schrift spricht am ehesten für Kontaktbereitschaft?
a) Arkade
b) Girlande
c) Winkel
d) Faden

15 Welches Schriftmerkmal deutet unter Umständen auf Egoismus?
a) Rechtsläufigkeit der Endungen
b) Linksläufigkeit der Endungen
c) Verbundenheit der Schrift
d) Unverbundenheit der Schrift

16 Wie wird ein schlechter im Vergleich zu einem guten Schüler von seinen Mitschülern beurteilt?
a) Besonders kritisch
b) Besonders nachsichtig
c) Es besteht kein Unterschied in der Beurteilung

17 Wenn eine Person X in ihrer äußeren Erscheinung (Physiognomie, Mimik, Körperbau und Stimme) an eine Person Y stark erinnert,
   a) schreibt man der Person X ähnliche Charaktereigenschaften zu wie Person Y
   b) schreibt man der Person X keine ähnlichen Charaktereigenschaften zu wie Person Y

Auswertung

Kreuzen Sie bitte jede richtig gelöste Aufgabe an (siehe folgende Seite).

Notieren Sie für jede richtige Lösung einen Punkt. Ihre Punktsumme = ___

Ihre Punkte	Ihre Wissensmenge	
0–3	sehr gering	
4–6	gering	Sie sollten den ersten Teil nochmals lesen.
7–9	unterdurchschnittlich	
10–12	überdurchschnittlich	
13–15	gut	
16–17	sehr gut	

Das sind die richtigen Lösungen:

1 b	7 c	13 b
2 c	8 b	14 b
3 a	9 a	15 b
4 b	10 c	16 a
5 b	11 a	17 a
6 b	12 b	

Zweiter Teil:
Modelle der Persönlichkeitsstruktur

Was bedeutet das Wort »Persönlichkeitsstruktur« in der Psychologie? Jeder Mensch hat seine individuelle Persönlichkeitsstruktur. Persönlichkeit bedeutet also nicht herausragende, ausgereifte Individualität im Sinne von »er ist eine große Persönlichkeit«.

Die Persönlichkeitsstruktur ist ein System von Charakter- und Leistungseigenschaften. Zur Entstehung, Funktion und Dynamik dieser Eigenschaften haben die Psychologen verschiedene Modelle entwickelt.

Jedes Individuum besitzt eine charakteristische Einzigartigkeit durch seine individuell ausgeprägten Eigenschaften. Jede Eigenschaft ist bei fast allen Menschen vorhanden, allerdings in unterschiedlicher Ausprägung. Jeder Mensch hat deshalb eine für ihn typische Eigenschaftsstruktur. Ein guter Menschenkenner erkennt diese Struktur.

Um das Eigenschaftsgefüge zu verstehen, ist die Analyse von Mimik, Gestik, Sprechweise und Körperbau natürlich nicht ausreichend. Diese Ausdrucksmerkmale geben zwar einen wichtigen Teileinblick, denn meist handelt es sich um Momentaufnahmen, die zumindest für den Augenblick ein richtiges Einschätzen der Mitmenschen ermöglichen. Ein guter Menschenkenner sollte die Menschen jedoch noch etwas besser kennen. Er sollte wissen, wie sie auf längere Sicht reagieren, was sie bewegt und in welche Richtung sie ihr Leben steuern.

Um die Menschen richtig beurteilen zu können, muß man etwas von den tiefenpsychologischen Zusammenhängen verstehen. Man sollte zum Beispiel wissen, wie die menschliche Seele aufgebaut ist. Einige grundlegende Theorien der seelischen Struktur sollen deshalb auf den folgenden Seiten kurz dargestellt werden.

Zwischen den vier Modellen besteht kein unüberbrückbarer Widerspruch; sie ergänzen sich.

Erstes Modell: Das Kräftespiel in der Seele

Sigmund Freud, der Begründer der Psychoanalyse, unterscheidet in seinem Persönlichkeitsmodell drei Instanzen, die das Verhalten und die Eigenschaften eines Menschen beeinflussen: das Es, das Ich und das Über-Ich. Diese drei Instanzen entwickeln sich in der Kindheit nacheinander.

Der Begründer der Psychoanalyse, Sigmund Freud

Das Es

Das Es, die elementarste Schicht, ist bereits vom ersten Lebenstag an vorhanden. Im Es gelten die Gesetze des logischen Denkens nicht, vor allem nicht der Ausschluß des Widerspruchs. Völlig gegensätzliche Regungen können hier nebeneinander bestehen, ohne daß sie sich gegenseitig aufheben. Das Es kennt keine Wertungen, keine Moral und auch kein Gut oder Böse. Es hat nur ein Ziel:

das blinde Streben nach Befriedigung der Triebe und Bedürfnisse.

Ein neugeborenes Baby ist für Freud zunächst nur ein Es, weil es ausschließlich nach Triebbefriedigung und lustvoller Entspannung strebt. Das Baby merkt jedoch bald, daß in der Realität Lustbefriedigung nicht immer möglich ist. Jedem Menschen muß deshalb die Anpassung an die Realität gelingen, wenn er älter wird. Dafür ist das Ich zuständig. Es wird die Ansprüche des Es mehr oder weniger unterdrücken, wenn sie im Gegensatz zu den Forderungen der Realität stehen.

Das Ich

Das Ich bildet sich bereits beim Kleinkind. Das Kind beobachtet die Umwelt und schaltet zwischen die elementaren Bedürfnisse des Es und die spontane Handlung die Denkbarkeit. Dadurch wird das Es teilweise beherrscht. Das Ich überprüft die Realität und entscheidet, ob Triebansprüche zur Befriedigung zugelassen werden oder auf einen günstigeren Zeitpunkt verschoben werden.

Während im Es keine gesteuerte Organisation besteht, besitzt das Ich die Fähigkeit, vernünftig und besonnen zu handeln. Das Es besteht dagegen aus ungezähmten Leidenschaften. Freud hat einmal das Verhältnis vom Ich zum Es mit dem des Reiters zu seinem Pferd verglichen. Das Pferd liefert die Energie und Kraft. Der Reiter bestimmt das Ziel und leitet die Bewegungen. Allerdings kommt es manchmal vor, daß der Reiter (Ich) die Beherrschung über das Pferd verliert und das Pferd (Es) selbst bestimmt, wohin es will. Das Ich ist also nicht immer Herr über das Es. An das Ich werden außerdem Forderungen gestellt, zum Beispiel von Eltern und Lehrern mit ihren Geboten und Verboten. Sie werden in der Kindheit übernommen und als richtig und wahr akzeptiert. Auf diese Weise bildet sich die dritte Instanz, das Über-Ich.

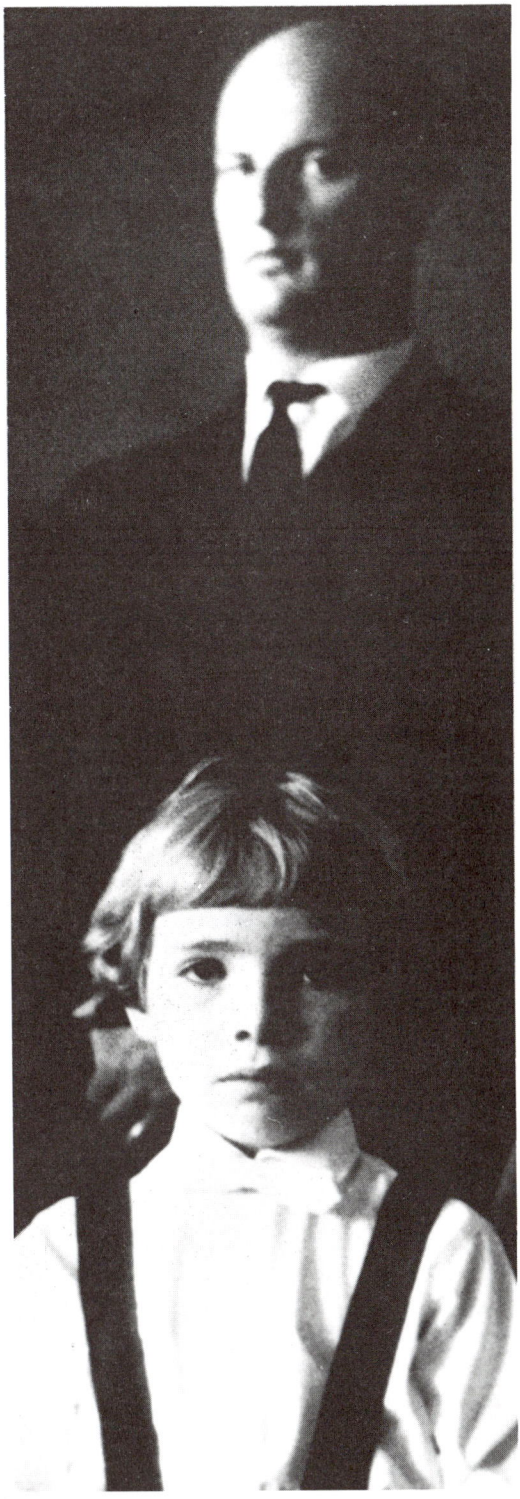

Die Autorität bildet das »Über-Ich«

Das Über-Ich

Das Über-Ich hat die Funktion des Gewissens. Die Rolle des Über-Ich wird in der Kindheit zunächst von einer äußeren Macht, der elterlichen Autorität, repräsentiert. Nach und nach wird das Über-Ich zu einer selbständigen Instanz in der Seele und übernimmt hier die Macht der Elterninstanz. Auch Lehrer, Chefs und Vorbilder arbeiten weiter an der Bildung des Über-Ich mit.

Das Über-Ich wird schließlich zum Gewissen und zum Repräsentanten der Normen und Moralvorstellungen einer Gesellschaft. Die Menschen anderer Kulturen und Gesellschaften besitzen folglich auch ein anders strukturiertes Über-Ich.

Das Ich wird von drei Seiten unter Druck gesetzt, vom Es mit Triebwünschen, vom Über-Ich mit moralischen Normen und von der Realität mit ihren Forderungen.

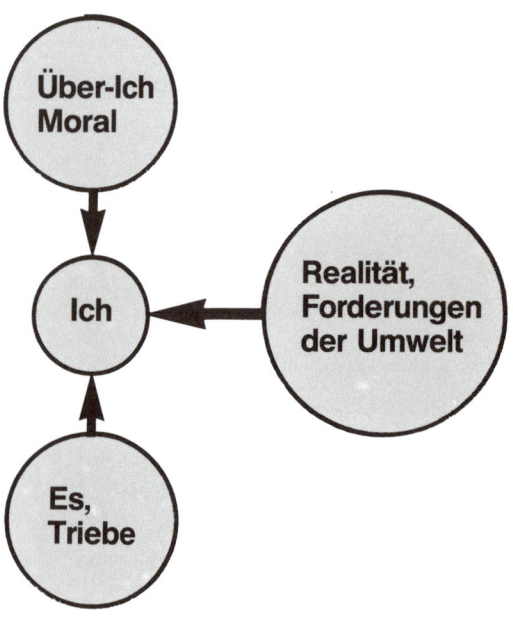

Das Ich steht im Mittelpunkt des Freudschen Persönlichkeitsmodells, weil es sämtlichen Konflikten ausgeliefert ist. Vom Es getrieben, vom Über-Ich eingeschränkt, ringt das Ich um Harmonie zwischen den verschiedenen Kräften und Einflüssen.

Viele Menschen besitzen ein schwaches Ich, das mit diesem Kräftespiel nicht fertig wird. Es gibt drei Möglichkeiten der »Ich-Schwäche«:

1. Das Es siegt über das Ich
Menschen dieser Art geben Triebwünschen sofort nach. Sie vergessen, daß sie verheiratet sind, wenn sie ein hübsches Mädchen sehen. Sie vergessen zum Beispiel auch die Regeln des Anstands und der Fairneß, wenn sie zornig werden. Sie können sich nur schwer beherrschen und geraten aus diesem Grund leicht in Konflikt mit den Personen ihrer Umwelt.

2. Das Über-Ich siegt über das Ich
Diese Menschen werden von den Normen und Moralvorstellungen der Gesellschaft beherrscht. Sie leben aus diesem Grund zwanghaft angepaßt und sind Sklaven ihres Über-Ich. Ein Mann mit ausgeprägt ehemoralischem Über-Ich bekommt schon ein schlechtes Gewissen, wenn er eine Frau sieht, die ihm gefällt.

3. Die Realität siegt über das Ich
Das Ich wird weder vom Es noch vom Über-Ich beherrscht, sondern von den Forderungen der Realität. Allein die Anpassung an die augenblicklichen Verhältnisse zählt.

Diesen Forderungen zuliebe werden Triebwünsche (aus dem Es) unterdrückt und Moralvorstellungen (aus dem Über-Ich), die im Moment nicht aktuell sind oder wenig nützen, verleugnet. Personen dieser Art hängen ihr Fähnchen nach dem Wind. Sie vertreten die Moral, die ihnen im Augenblick einen Vorteil bringt (Opportunismus).

Das Ich kämpft also gegen das Es, das Über-Ich und die Forderungen der Realität. Aus diesem Kampf können seelische Störungen, Neurosen und Psychosen hervorgehen. Es würde den Rahmen des Buches sprengen, die verschiedenen Arten der Neurose hier zu beschreiben.

Die Macht der Triebe

Berühmter noch als durch sein Persönlichkeitsmodell wurde Freud mit seinem Triebmodell. Die letzte Fassung seiner Trieblehre stellt die Abhandlung »Jenseits des Lustprinzips« (1920) dar. Über seine Arbeit an diesem Modell schrieb Freud 1930 rückblickend: »Von allen langsam entwickelten Stücken der analytischen Theorie hat sich die Trieblehre am mühseligsten vorwärts getastet.«

Freud gelangte zu der Auffassung, daß zwei Urtriebe den Menschen beherrschen: der Todestrieb (oder Destruktionstrieb, Aggressionstrieb) und der Eros (oder Sexualtrieb, Lebenstrieb). Der Eros geht von den erogenen Zonen aus. Eine organische Lokalisierung des Todestriebes wird von Freud dagegen nicht genannt. Die Schwäche dieser Auffassung liegt darin, daß Freud keine innere organische Quelle für den Todestrieb angeben kann. Das ist einer der wichtigsten Angriffspunkte für die Kritiker seiner Trieblehre.

Verhängnisvoll hat sich Freuds Ansicht ausgewirkt, daß Aggressionen über die Muskeln nach außen verlegt werden müßten, das heißt, daß der Todestrieb ausgelebt und in Aggressionshandlungen abreagiert werden müßte – wie auf seine Weise der Sexualtrieb. Eine absichtliche Triebunterdrückung sei bedenklich, behauptet Freud.

Das gab in den letzten sechzig Jahren vielen eine »wissenschaftlich begründete« Entschuldigung für ihr aggressives Verhalten – nach dem Motto: »Aggressionen soll man nicht unterdrücken, sonst wird man seelisch krank.« Der Berliner Psychologe Herbert Selg schreibt in seinem Buch »Zur Aggression verdammt?«: »Wer wie die Psychoanalyse einen Aggressionstrieb propagiert, fördert gewollt oder ungewollt den Fortbestand einer einseitig auf Wettbewerb ausgerichteten Gesellschaft.«

Freuds Triebmodell

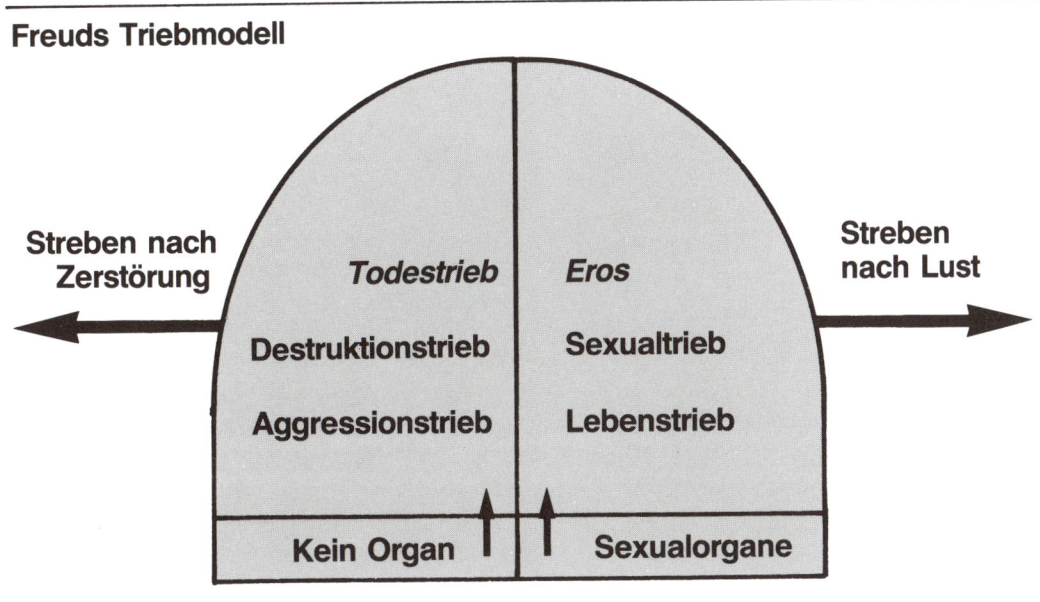

Streben nach Zerstörung	*Todestrieb* *Eros*	Streben nach Lust
	Destruktionstrieb Sexualtrieb	
	Aggressionstrieb Lebenstrieb	
	Kein Organ Sexualorgane	

Eine Unterdrückung des Sexualtriebs scheint tatsächlich nervöse Störungen zu erzeugen, wie vor allem der Freud-Anhänger Wilhelm Reich eindringlich geschildert hat. Das ist verständlich, weil es für den Sexualtrieb eine organische Grundlage (Geschlechtsorgane und Sexualhormone) gibt. Es gibt jedoch kein Aggressionsorgan und auch keine Aggressionshormone. Deshalb lehnen viele moderne Psychologen die Hypothese Freuds – daß es einen angeborenen Aggressionstrieb gebe – ab. Dieser Auffassung sind auch bekannte Psychoanalytiker wie Otto Fenichel und Karen Horney.

Mit der Ablehnung des Aggressionstriebs wird nicht behauptet, daß es keine Aggressionen gibt oder daß sie aus dem Nichts entstehen. Jeder von uns macht täglich die Erfahrung, daß es Aggressionen gibt. Aber sie sind nicht »angeboren«. Sie entstehen in der Kindheit bzw. Jugend und entwickeln sich aus den Erfolgen und Mißerfolgen aggressiven Verhaltens unter anderem durch Nachahmung von beobachteten Aggressionen bei Eltern, Lehrern, Chefs, Mitmenschen, Filmstars oder Politikern.

Es gibt wissenschaftliche Untersuchungen, die beweisen, daß Aggressionen sehr früh *gelernt* werden. Das gibt der Erziehung wieder eine Chance, und es besteht die Hoffnung, daß künftige Gesellschaften, wenn sie weniger aggressiv erzogen werden dann auch friedlicher, harmonischer zusammenleben.

Die Dynamik der Abwehrmechanismen

Das Modell von Sigmund Freud zeigt, daß sich das Ich gegen das Über-Ich, die Realität und das Es durchsetzen muß. In diesem Kampf benützt das Ich sogenannte *Abwehrmechanismen*. Sie bestimmen die oft eigenartigen Winkelzüge des menschlichen Verhaltens.

Anna Freud führte das Werk ihres Vaters auf dem Gebiet der Abwehrmechanismen weiter

Im folgenden werden die wichtigsten Abwehrmechanismen einzeln aufgeführt und kurz charakterisiert.

1. Die Verdrängung

Die Verdrängung ist der bekannteste Abwehrmechanismus. Ein bewußtes Motiv wird dabei ins Unterbewußtsein befördert.

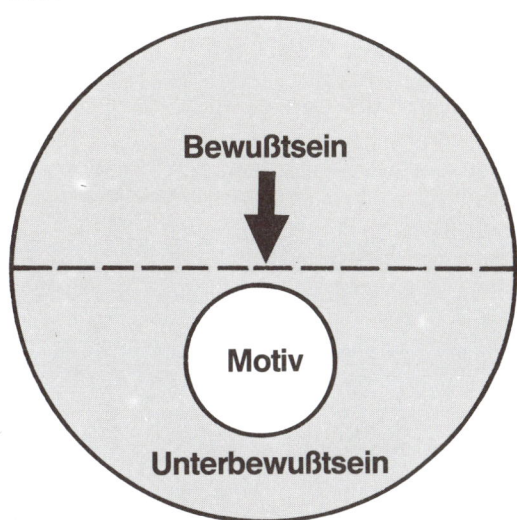

Aggressives Verhalten eines Kindes gegen seinen Vater wird bestraft, beispielsweise mit Liebesentzug. Auf Geborgenheit und Liebe kann und will ein Kind jedoch nicht verzichten, deshalb bekommt es Angst, sobald die aggressiven Wünsche auftauchen. Die aggressiven Handlungen werden nicht ausgeführt, sondern verdrängt; oft werden aggressive Wünsche auch bereits im Keim erstickt und gelangen gar nicht mehr ins Bewußtsein. Derselbe Verdrängungsmechanismus spielt sich auch im Verhältnis Chef—Untergebener, Lehrer—Schüler und zwischen Ehepartnern ab.

Auch sexuelle Bedürfnisse werden oft verdrängt, zum Beispiel während der Arbeitszeit oder einer verheirateten Person gegenüber, welche durch die Ehe als Sexualpartner als tabu angesehen wird.

2. Die Projektion

Die Projektion ist ein Zeichen für unvollständige Verdrängungen, denn Triebim-

pulse aus dem Es und Impulse aus dem
Über-Ich, die man selbst verdrängen will,
werden bei anderen Menschen wahrgenommen. Dann heißt es: Nicht ich bin
sexuell gestimmt — die anderen sind Se-
xualprotze.

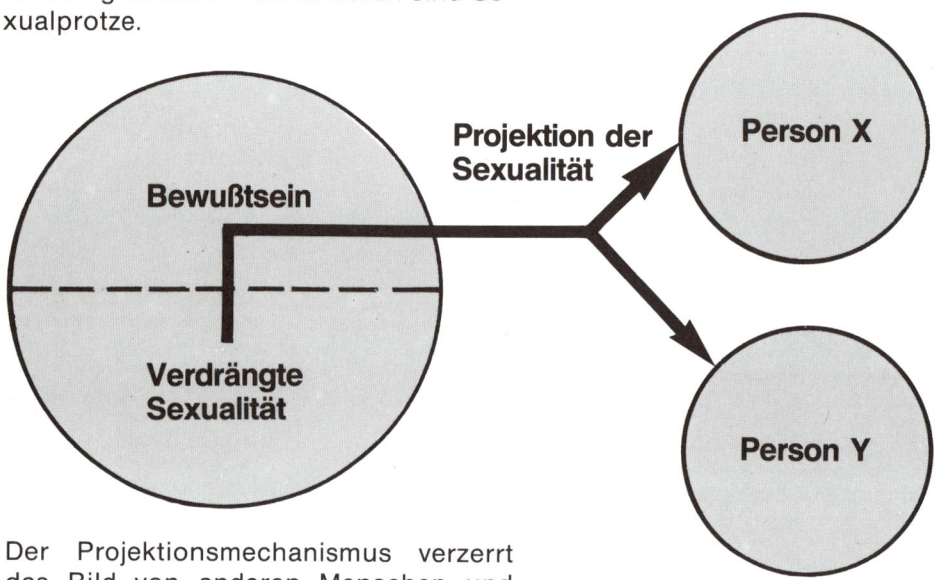

Der Projektionsmechanismus verzerrt
das Bild von anderen Menschen und
führt zu Irrtümern in der Beurteilung (siehe auch Seite 92 f.).

3. Die Reaktionsbildung

Das Auftauchen beispielsweise eines sexuellen Impulses löst Angst aus, weil das

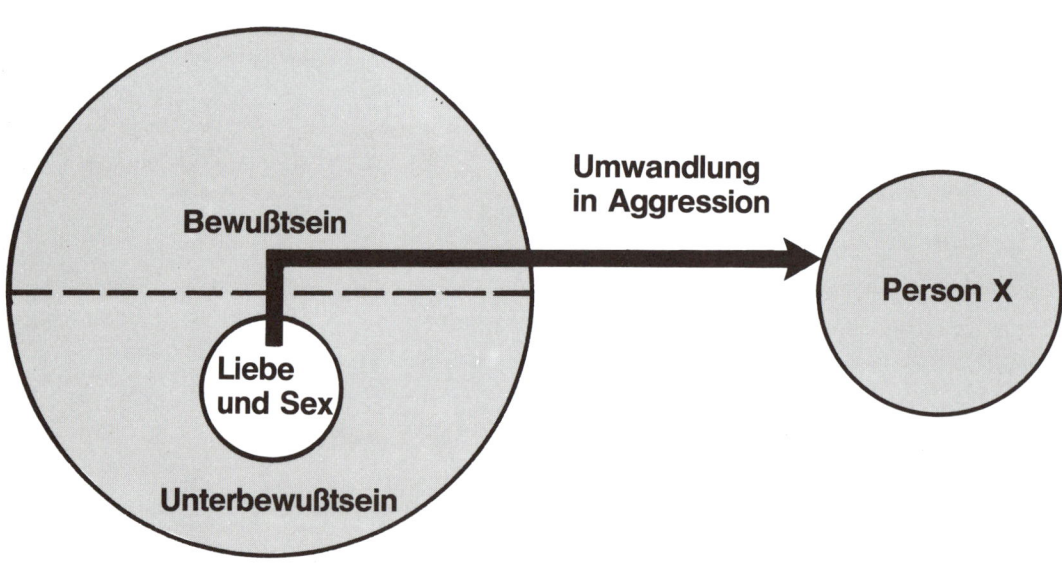

strenge, moralische oder prüde Über-Ich
diesen Impuls nicht gestattet. Die Reaktionsbildung auf die sexuellen Gefühle
kann sich dann in zynischem oder ag-
gressivem Verhalten der begehrten Person gegenüber äußern. Besonders auf-
fällige oder übersteigerte Höflichkeit
kann eine Reaktionsbildung auf aggressive Wünsche sein.

Die Reaktionsbildung auf Furcht ist
Tapferkeit. Ein empfindsamer Menschenkenner erkennt Reaktionsbildun-
gen vor allem an ihrer übertriebenen In-
tensität.

4. Die Verschiebung

Ein Bedürfnis, das sich nicht am Original
befriedigen kann, sucht sich ein Ersatzobjekt. Wenn ein Angestellter auf seinen
Chef wütend ist, aber seine Aggressions-
wünsche diesem gegenüber verdrängen
muß, kann sich seine Wut auf die Ehefrau
verschieben; sie dient dann als Blitzab-
leiter.

Ein anderes Beispiel: Eine Frau, die
keinen Mann gefunden hat, tröstet sich
mit ihrem Hund oder Kanarienvogel und
leitet dort ihre Zärtlichkeitsbedürfnisse
ab.

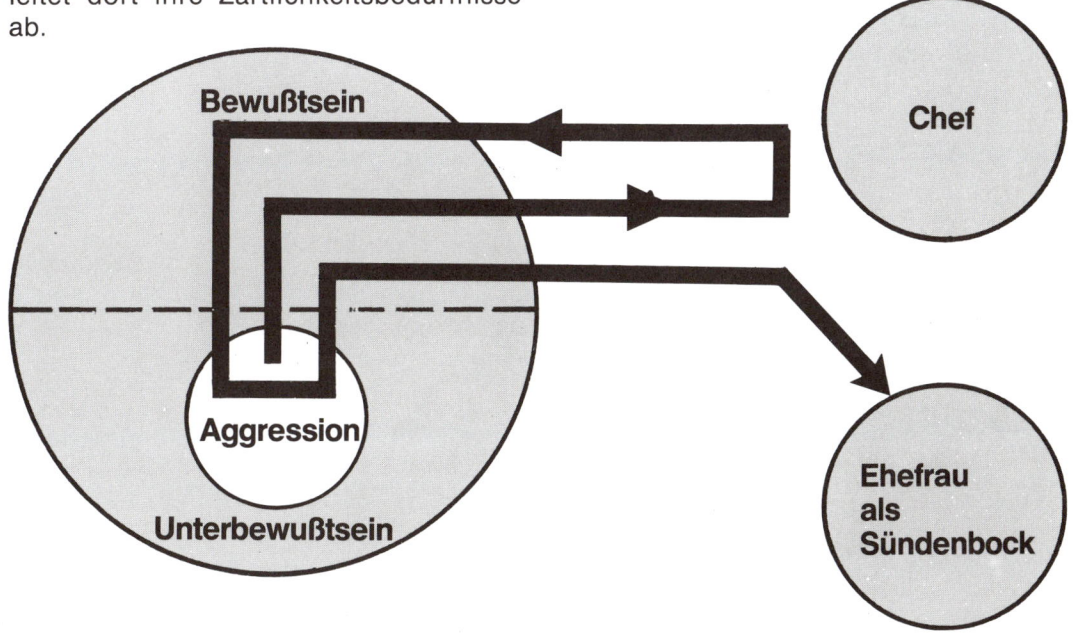

5. Die Sublimierung

Sexuelle Impulse aus dem Es werden verdrängt und statt dessen »sozial wertvolle« Ziele angestrebt (Kunst, Wissenschaft, Politik usw.). Ein Beispiel für die Sublimierung von Genußfreude und Sexualität ist der Lebensweg Arthur Schopenhauers (siehe Seite 89).

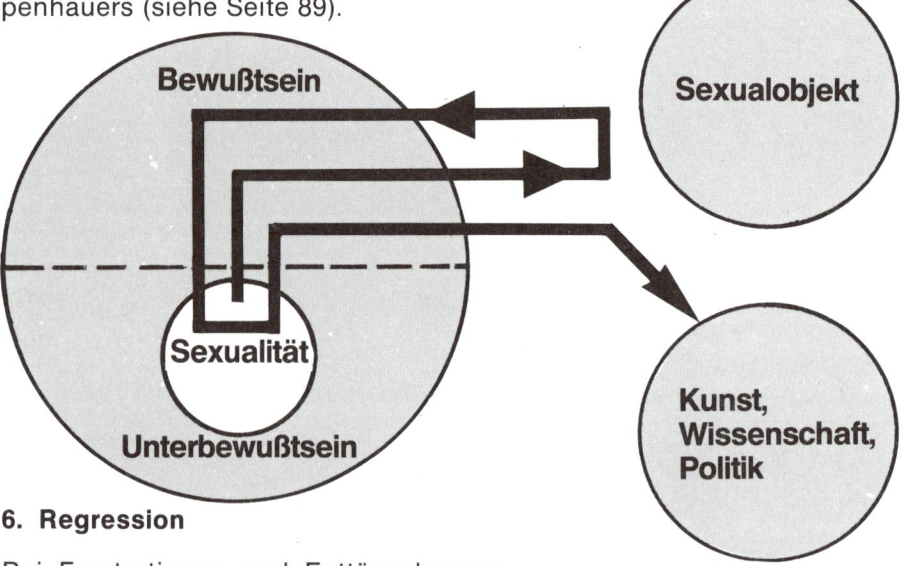

6. Regression

Bei Frustrationen und Enttäuschungen greift das Ich auf frühere Stadien der erfolgreichen Lebensbewältigung zurück. Ein Junge wendet sich zum Beispiel wieder seinem Freund zu, nachdem eine sexuelle Beziehung zu einem Mädchen mißglückt ist, und wird unter Umständen homosexuell.

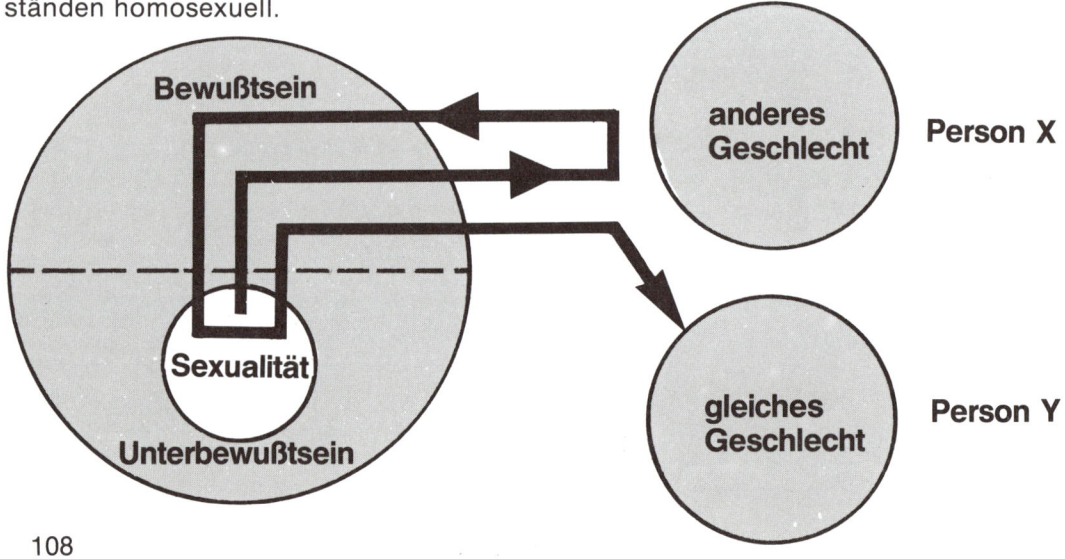

Wenn vierjährige Kinder, die bereits sauber waren, wieder zu Bettnässern werden, weil sie ein Geschwisterchen bekommen haben (deshalb eifersüchtig sind), handelt es sich gleichfalls um eine Regression (Rückgriff auf früheres Verhalten). Sie wollen auf diese Weise die Aufmerksamkeit der Mutter wieder stärker auf sich lenken. Bei Erwachsenen kommen vorübergehende Regressionen unter besonders starker affektiver Spannung vor.

Es gibt noch etliche andere Abwehrmechanismen: die Fixierung, die Isolierung, die Leugnung der Realität, die Wendung gegen die eigene Person, die Umkehrung ins Gegenteil und die Konversion. Diese Abwehrmechanismen werden hier jedoch nicht beschrieben, weil sie zu sehr ins Detail führen (die Isolation ist zum Beispiel die Abwehrart der Zwangsneurose, die Konversion ist ein Prozeß, der zu körperlichen Krankheitssymptomen, zu Krampfanfällen und Lähmungen führt).

Zweites Modell: Der Wille zur Macht

Der Freud-Schüler Alfred Adler (ein studierter Augenarzt) ging bereits 1911 seine eigenen wissenschaftlichen Wege. Er begründete die Individualpsychologie, ein neues Modell der Psyche, das von Freuds Vorstellungen abweicht.

Adler orientierte sich nicht an Freuds Struktur vom Es, Ich und Über-Ich. Vor allem die Betonung des Sexualtriebs in Freuds Psychoanalyse war ihm suspekt. Er entdeckte in der Psyche einen anderen Impuls, der ihm viel grundlegender erschien als Sex und Aggression: den Selbsterhaltungstrieb.

Das wichtigste menschliche Bedürfnis ist nach Adler der Drang nach Überlegenheit. Im Willen zur Macht oder zur Überlegenheit sieht er den elementarsten Trieb. Besonders stark ausgeprägt

Der Begründer der Individualpsychologie, Alfred Adler

ist dieses Bedürfnis bei Menschen, die eine Organminderwertigkeit ausgleichen müssen. Diesen Vorgang nennt Adler Kompensation.

Drei Arten der Kompensation

1. Das minderwertige Organ wird so lange trainiert, bis es besonders überlegen ist.

2. Das minderwertige Organ bleibt bestehen, aber es werden überdurchschnittliche Leistungen auf einem anderen Gebiet angestrebt.

3. Das minderwertige Organ bleibt bestehen, und der Mensch flüchtet in die Neurose. Die Krankheit dient dazu, Überlegenheit zu gewinnen, weil die Mitmenschen durch die Krankheit tyrannisiert werden können und Rücksicht nehmen müssen.

Die Triebfeder zur Kompensation muß nicht nur eine Organminderwertigkeit sein. Auch Minderwertigkeitsgefühle allgemeiner Art können die Ursachen für Kompensationen sein. Aus der erlebten

Schwäche (oder Minderwertigkeit) wird Kraft zur Leistung gezogen.

Das tiefenpsychologische Prinzip »Kraft aus Schwäche« gilt auch für die Athleten des Leistungssports. Der achtfache Olympiasieger im Weit-, Hoch- und Dreisprung, Ray C. Ewry (USA), lernte nach einer Kinderlähmung erst mit 20 Jahren gehen. Auch Wilma Rudolph hatte Kinderlähmung. 1960 wurde sie dann in Rom dreifache Olympiasiegerin.

Der amerikanische Olympiasieger im Hammerwerfen, Harold Connolly, hatte einen um sieben Zentimeter kürzeren Arm. Zum Doping meinte er: »Ein Athlet in seinem Drange ist bereit, alles zu tun, was ihn nicht geradezu umbringt.« Das Training und die Leistungssteigerung befriedigen das Bedürfnis nach Überlegenheit und sozialer Anerkennung.

Der Sport dient häufig der psychischen Selbstheilung. Aber nicht nur der Sport, sondern auch der Beruf. Eine Umfrage der »Welt« förderte zutage: »Der Leistungsverweigerer ist eine Rarität. Vielmehr herrscht die Bereitschaft vor, mehr zu leisten und mehr Verantwortung zu übernehmen.« Die Berufsleistung fördert das Selbstbewußtsein und kompensiert Minderwertigkeitsgefühle.

Wie wichtig das Streben nach Berufserfolg sein kann, zeigt auch eine Studie der Treuwerth & Gerlach GmbH & Co. vom Oktober 1971. Die Frage: »Wo liegen die zentralen Interessen Ihres Lebens?«, beantworteten ausgewählte Manager so:

Die dreifache Olympiasiegerin Wilma Rudolph

In meiner Arbeit, meiner Aufgabe, im Beruf	53 Prozent
In meiner Familie	20 Prozent
In der Freizeit	11 Prozent
In gesellschaftlichen, also der Allgemeinheit dienenden Tätigkeiten	5 Prozent
Keine Angaben	11 Prozent

Nur 11 Prozent der Manager, Personen, die also bereits ein gutes berufliches Ansehen genießen und überdurchschnittlich verdienen, sehen die zentralen Interessen ihres Lebens in der Freizeit, obwohl sie bereits genug erreicht hätten, um die Freizeit unbeschwert genießen zu

können. Der »Wille zur Macht« treibt sie immer weiter vorwärts, denn sie begegnen täglich Personen, die noch erfolgreicher und mächtiger sind als sie. Deshalb findet ihre Kompensation durch Berufsleistung nie eine volle Befriedigung.

Der Versuch, Minderwertigkeitsgefühle durch Sport- oder Berufsleistung zu kompensieren, also auf diese Weise Selbstheilung zu betreiben, ist meist zum Scheitern verurteilt. Die innerlich erlebte Schwäche ist zwar der Motor für stattliche Leistungen, aber die Minderwertigkeitsgefühle können dadurch nicht zum Verschwinden gebracht werden. In den seltensten Fällen gelingt es, nach der Kompensationsleistung die Schwäche zu akzeptieren. Und erst dann hätte die Seele ihren Frieden gefunden.

Solange die Schwäche nicht akzeptiert werden kann, kommt es häufig früher oder später zu neuen Erlebnissen der Minderwertigkeit. Die Sportler brechen zusammen, weil sie sich überfordern. Der Leistungsstreß steht ihnen im Gesicht.

Und die ehrgeizigen, streßgereizten Angestellten nehmen sich im schlimmsten Fall sogar das Leben; nach einer Schätzung des Psychotherapeuten Dr. Hellmut Sopp sollen es in den Jahren 1968 bis 1973 in Deutschland 500 gutbezahlte Manager gewesen sein. Der Nervenarzt Dr. Walther Birkmayer diagnostizierte aus dem noch relativ gemütlichen Wien: »Die Leistungsgesellschaft ist mörderisch geworden; selbstmörderisch.«

Ehemalige Spitzensportler Bodo Tümmler, Jürgen May: Die Anstrengung steht ihnen im Gesicht

Drittes Modell:
Die Schichten
der Persönlichkeit

Die Struktur der Persönlichkeit wurde von dem Psychologen Erich Rothacker als ein Schichtenmodell dargestellt. Die Reaktionen und Verhaltensweisen eines jeden Menschen werden von sechs seelischen Schichten beeinflußt und gesteuert. Die Schichten liegen nicht beziehungslos übereinander, sondern die jeweils höhere Schicht steuert und beeinflußt die unter ihr liegenden Schichten. Es besteht ein enges lebendiges Kräfteverhältnis zwischen den höheren und den niederen seelischen Bereichen.

Rothacker stützt seine Theorie auf Ergebnisse biologischer, anatomischer, hirnpathologischer, entwicklungs- und völkerpsychologischer Forschungen. Er unterscheidet zwei große Bereiche innerhalb der Persönlichkeit: die Es-Schicht und die Personenschicht. Die Es-Schicht wird auch als »Tiefenperson« bezeichnet und die Personenschicht auch als Ich-Schicht. Die Es-Schicht umfaßt
○ die beseelte Tiefenperson,
○ das animalische Es,
○ die Vitalschicht.

Die beiden Hauptschichten der Person nach dem Modell von Erich Rothacker:

Im obersten Funktionsbereich der Personenschicht befindet sich ein System von Erfahrungen, das vom bewußten Ich geschaffen wurde, um die Regungen der tieferen Schichten zu steuern.

Innerhalb der Es-Schicht gibt es verschiedene selbständige seelische Schichten.

Die sechs Schichten der Person

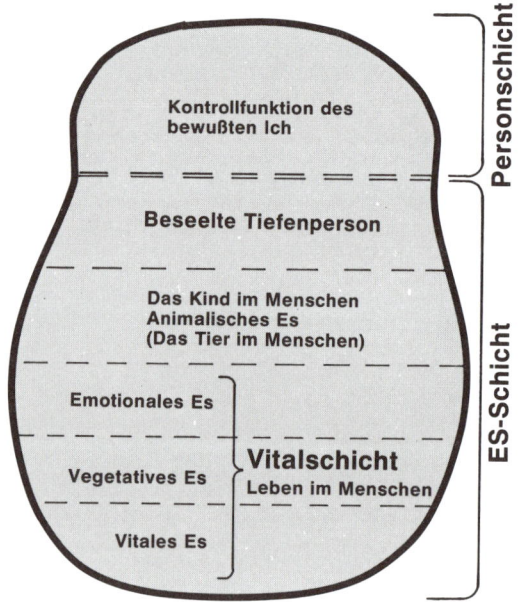

Die Vitalschicht

Sie umfaßt die untersten drei Schichten der Persönlichkeit. Hier wurzelt das Lebendige mit primitiven Steuerungsmechanismen. Die Triebe, Instinkte und Stimmungen sind der Kern der Vitalschicht. Empfindungen wie Furcht, Ekel, Zorn, Ärger, Sympathie, Hunger, Machtstreben und viele andere entstammen nach Rothackers Meinung dieser Schicht. Auch die Vorgänge beim Flirten sind elementare Reaktionen, die in der Vitalschicht wurzeln.

Das animalische Es

In Rußland sagt man treffend: »Es wird zornig in mir.« Der Zorn, der der Vitalschicht entstammt, äußert sich in der Schicht des animalischen Es. In dieser Schicht, die Rothacker auch als das »Tier im Menschen« bezeichnet, reagiert nicht das Ich, sondern das Animalische. Die Reaktionen laufen nach eigenen, autonomen Gesetzen ab.

Die Leistung des animalischen Es in Gesprächssituationen: Feine Bewegungen des Gesprächspartners, die bewußt kaum wahrzunehmen sind, werden trotzdem unbewußt richtig aufgefaßt. Die meisten Handlungen sind von solchen Bewegungen durchsetzt, die nicht bewußt sind, nie bewußt werden und auch gar nicht bewußt werden sollen.

Der Mensch lebt hauptsächlich aus dem animalischen Es, und nur selten werden kurze Phasen mit voller Bewußtheit wahrgenommen.

Eng verbunden mit dem Bereich des Tieres im Menschen ist innerhalb des animalischen Es die Schicht des »Kindes im Menschen«, die sich beim Erwachsenen beispielsweise in zahlreichen Arten der Spielfreude zeigt.

Die beseelte Tiefenperson

Sie ist die höchste Schicht innerhalb der Tiefenperson. Die Regungen der Liebe, die schon eine höhere Form des Bewußtseins voraussetzen, entspringen der beseelten Tiefenperson. Weitere Regungen aus dieser Schicht sind Freude, Heiterkeit, Lustigkeit, Traurigkeit, Hoffnung und Verzweiflung.

Die Personschicht

In der Personschicht (oder Ich-Schicht) erhalten die menschlichen Fähigkeiten sprachlicher, intellektueller, moralischer, künstlerischer und religiöser Art ihre Ausdifferenzierung. Die Personschicht ist die oberste Kontrollinstanz. Das Ich reagiert in diesem Bereich hellwach.

Das Ich der Personschicht (oder, wie Rothacker sagt, die Ich-Funktion) tritt nur dann in Erscheinung, wenn die tieferen Instanzen mit einer Sache nicht fertig werden. Meist jedoch funktionieren die unteren fünf Schichten auch ohne Steuerung durch die Personschicht selbständig und sinnvoll.

Viertes Modell: Die dynamische Eigenschaftsstruktur

Jeder besitzt eine individuelle, für ihn typische Struktur von Merkmalen und Eigenschaften, die Persönlichkeitsstruktur. Als Eigenschaft oder Merkmal gilt im folgenden System alles, was eine Person charakterisiert, also zum Beispiel auch der Sexualtrieb oder das Streben nach politischer Macht. Die menschlichen Merkmale können in vier Bereiche eingeteilt werden:

○ Leistungsfähigkeit,
○ Kontakt,
○ Motive,
○ Werterhaltungen.

Die geistigen Leistungsmerkmale sind unter anderem Intelligenz, Kreativität, Gedächtnis, Begabung oder Talente und Konzentrationsfähigkeit. Kontakteigenschaften sind: Kontaktbereitschaft, Verhandlungsgeschick, soziales Einfühlungsvermögen, Toleranz, Menschenkenntnis, Diplomatie und Anpassungsfähigkeit.

Von besonderer Wichtigkeit für die seelische Gesundheit sind die Motive: Leistungsmotivation, Sexualtrieb, Entfaltungsdrang, Genuß- und Geltungsstreben, Interessen, Mut und Optimismus. Die Werthaltungen orientieren sich an folgenden Wertgebieten: Theorie, Ökonomie, Ästhetik, soziale Ethik, politische Macht und Religion. Weil die Werterhaltungen das Verhalten einer Person beeinflussen, kann man sie im weiteren

Sinn auch als Eigenschaft oder Merkmale sehen.

Die vier Bereiche stehen miteinander in Verbindung: sie können nicht isoliert existieren.

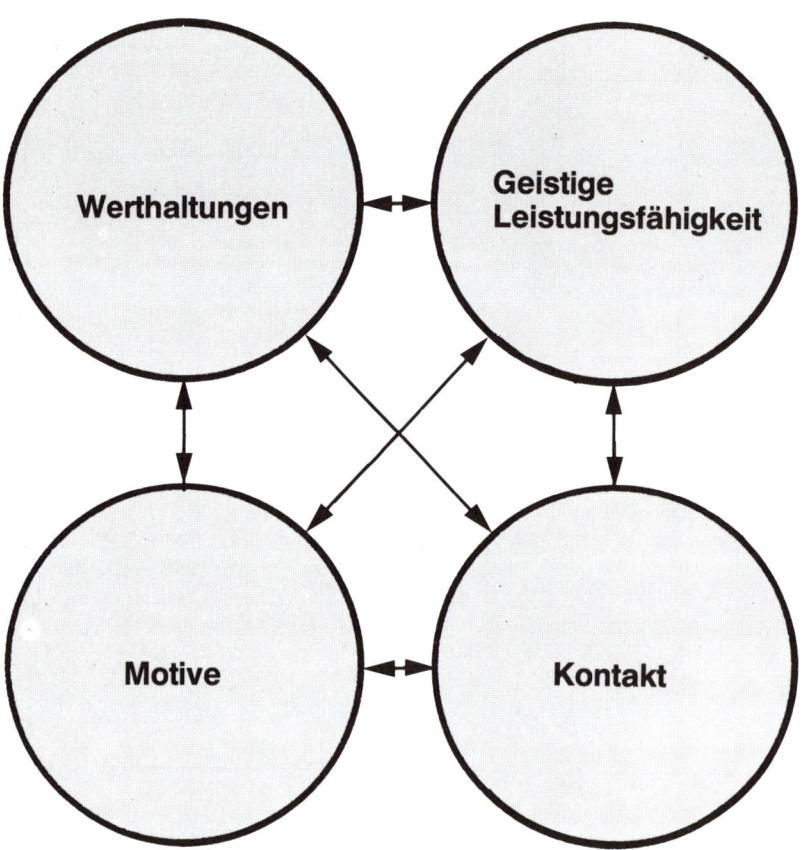

Alle Eigenschaften dieses Systems sind gleich wichtig. Ihre besondere Bedeutung erhalten sie von den Werthaltungen der jeweiligen Gesellschaft und ihren spezifischen Moralvorstellungen.

Die Struktur der Eigenschaften und Merkmale

Es handelt sich um ein grafisches Modell zur Darstellung der Wirklichkeit und nicht um die Wirklichkeit selbst, denn die ist viel komplizierter und vielfältiger.

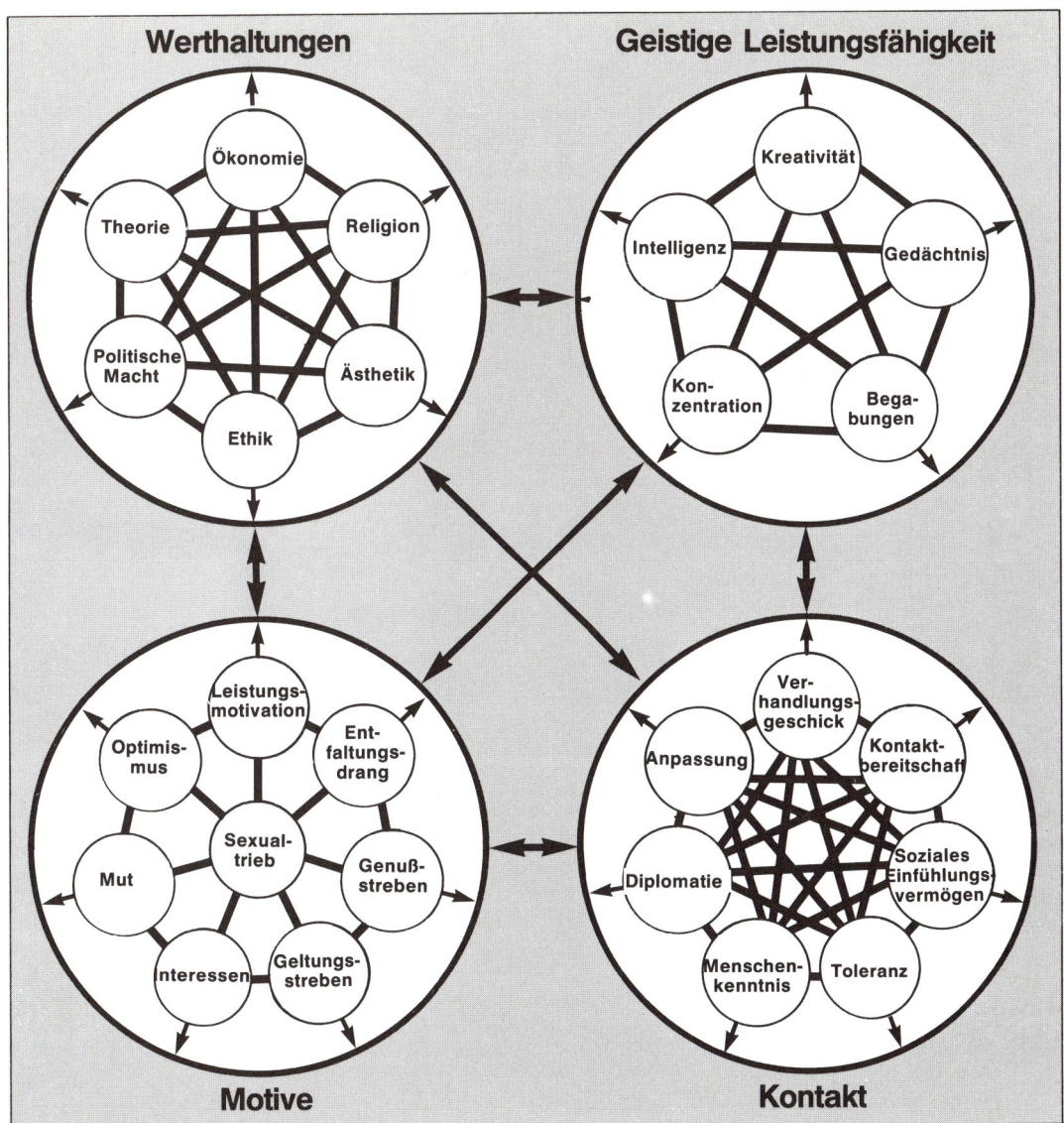

Werthaltungen

Ökonomie
Theorie
Religion
Politische Macht
Ästhetik
Ethik

Geistige Leistungsfähigkeit

Kreativität
Intelligenz
Gedächtnis
Konzentration
Begabungen

Motive

Leistungsmotivation
Optimismus
Entfaltungsdrang
Sexualtrieb
Genußstreben
Mut
Interessen
Geltungsstreben

Kontakt

Verhandlungsgeschick
Anpassung
Kontaktbereitschaft
Diplomatie
Soziales Einfühlungsvermögen
Menschenkenntnis
Toleranz

*Strukturmodell der Merkmale und
Eigenschaften*

Die einzelnen Eigenschaften und Merkmale können natürlich noch genauer differenziert werden. Im Bereich der geistigen Leistungsfähigkeit bestehen zum Beispiel folgende Zusammenhänge:

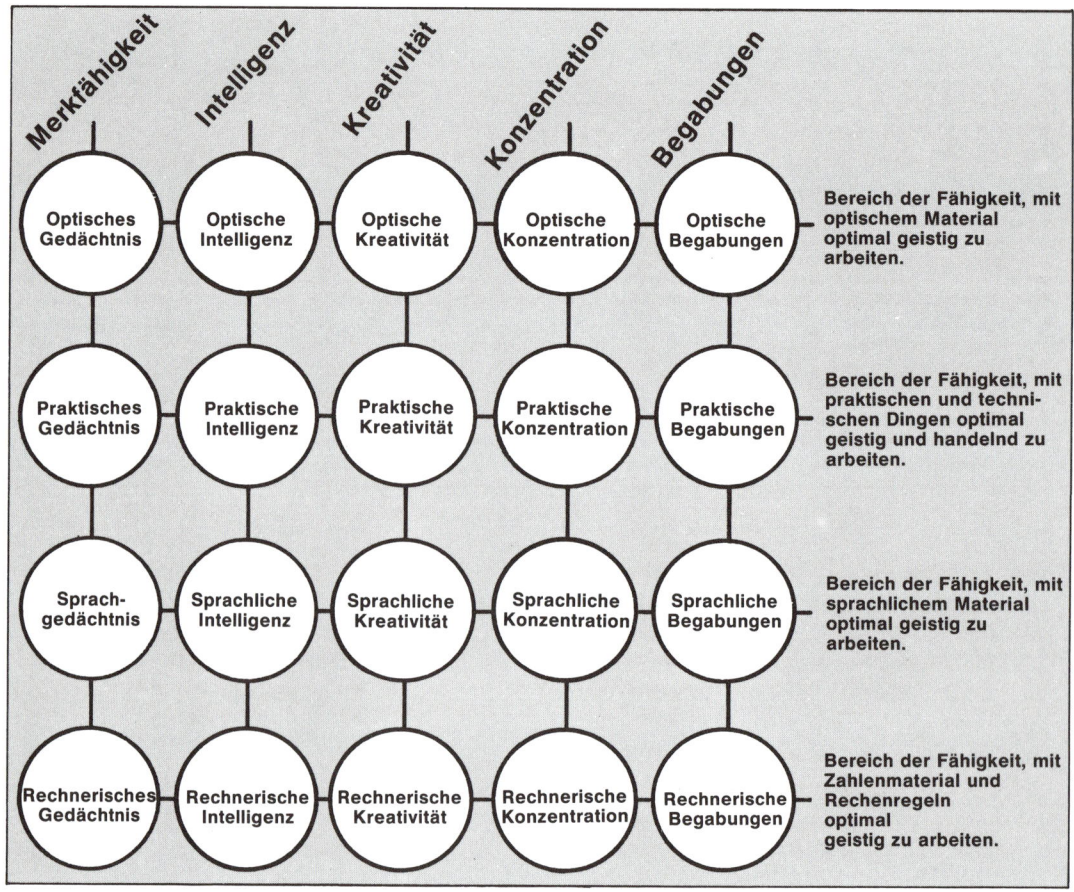

Struktur im Bereich der geistigen Leistungsfähigkeit

Dieses Schema soll genügen, um die Kompliziertheit des seelischen Gefüges zu illustrieren. Das Schema ist natürlich kein statisches Schaltbrett, wie die Grafik vielleicht vortäuscht, sondern ein dynamisches Gefüge. Jede Eigenschaft ist stark oder schwach ausgeprägt. Der Ausprägungsgrad kann mit psychologischen Tests gemessen werden.

Die prozentuale Verteilung von Eigenschaften

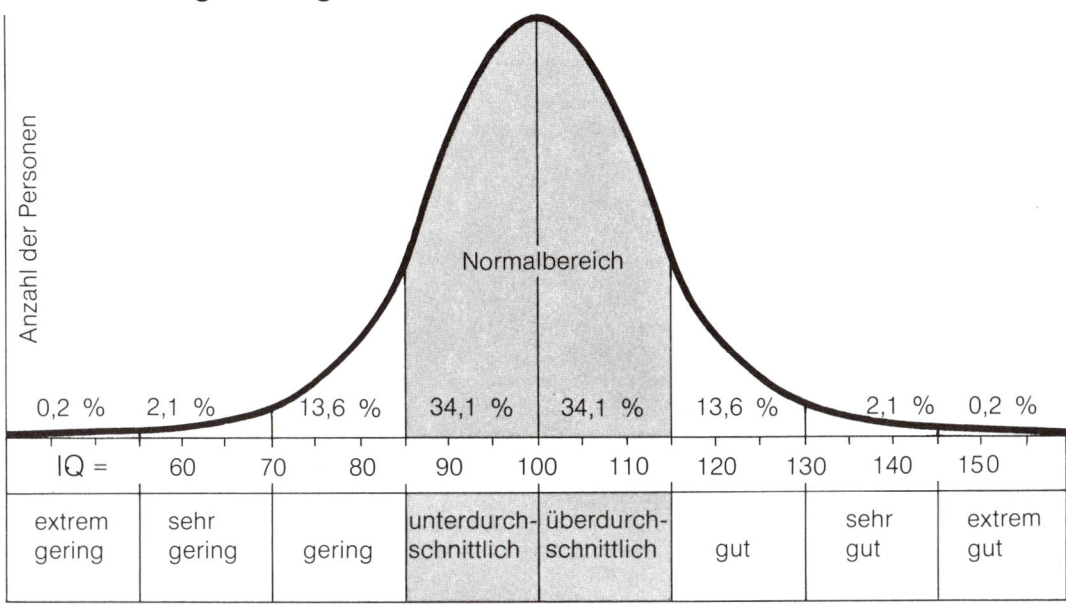

		0,2 %	2,1 %	13,6 %	34,1 %	34,1 %	13,6 %	2,1 %	0,2 %
IQ =	60	70	80	90	100	110	120	130	140	150
extrem gering	sehr gering		gering	unterdurch-schnittlich	überdurch-schnittlich		gut	sehr gut	extrem gut

Die prozentuale Verteilung der Intelligenz

Die Intelligenz zum Beispiel ist unter der Bevölkerung nicht gleichmäßig verteilt, sondern tritt nach einem interessanten Gesetz auf. Es gibt wenig sehr intelligente Leute (etwa 0,2 Prozent) und gleichfalls wenig extrem dumme (auch etwa 0,2 Prozent). In der Bevölkerung leben etwa 13,6 Prozent gering Intelligente (IQ zwischen 70 und 85) und gleichfalls etwa 13,6 Prozent gut Intelligente (IQ zwischen 115 und 130). Durchschnittlich intelligent sind etwa 68,2 Prozent der Bevölkerung. Man nennt diese symmetrische Verteilung Normalverteilung. Die Grafik zeigt anschaulich, wie die Intelligenz in Europa und Amerika prozentual unter der Bevölkerung verteilt ist. Nach diesem Prinzip treten höchstwahrscheinlich auch die anderen Eigenschaften und Merkmale auf. Sie sind in der Bevölkerung gering, durchschnittlich oder stark ausgeprägt.

Wenn man einen Menschen kennen will, muß man seine Eigenschaftsstruktur kennen. Sie kann mit der Grafik von Seite 115 gut dargestellt werden.

Die Eigenschaftsstruktur eines Managers in der Industrie

Die Merkmale, die in den grauen Kreisen stehen, sind stärker, diejenigen, die in den weißen Kreisen stehen, dagegen schwächer ausgeprägt. Bei der Illustration handelt es sich um ein individuelles Beispiel. Es soll nicht etwa demonstrieren, daß jeder Manager diese Eigenschaftsstruktur besitzt.

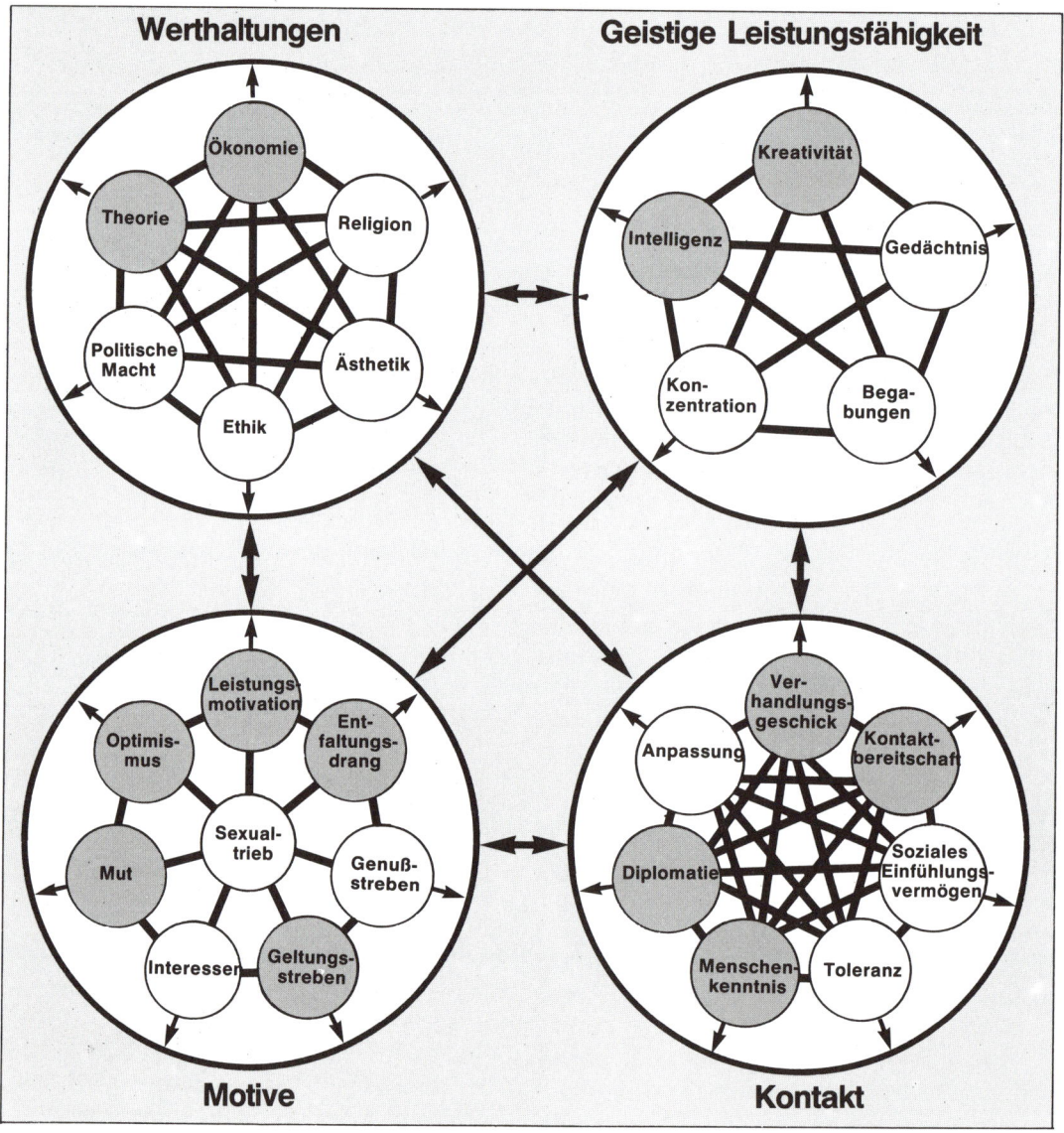

Eigenschaftsstruktur eines Industrie-Managers

Die Eigenschaften entstehen im Laufe der Entwicklung eines Menschen. Sie bilden sich in Lernvorgängen. Es gibt zwei entscheidende Faktoren, die den Entwicklungsprozeß und die Ausreifung einer Eigenschaft beeinflussen: Lob, Anerkennung und Erfolgserlebnisse wirken fördernd, Tadel und Mißerfolgserlebnisse dagegen hemmend.

Auf den folgenden Seiten werden zwei interessante Eigenschaften (Intelligenz und Aggression) dargestellt und die Gründe für ihren unterschiedlichen Ausprägungsgrad beschrieben. Ein guter Menschenkenner sollte wissen, wie diese Eigenschaften entstehen, damit er ein besseres Verständnis für das Verhalten seiner Mitmenschen bekommt.

Die Entstehung von Intelligenz

Die Intelligenz entwickelt sich viel früher, als man bisher dachte. Der Psychologe B. S. Bloom stellte schon 1964 fest, daß bei den Vierjährigen bereits 50 Prozent und bei den Achtjährigen 80 Prozent ihrer späteren Intelligenz entwickelt sind. Nur die restlichen 20 Prozent reifen erst später, also nach dem achten Lebensjahr, aus.

So früh entwickelt sich die Intelligenz

Alter	Intelligenz im Vergleich zu Siebzehnjährigen
4 Jahre	50%
8 Jahre	80%
17 Jahre	100%

Die Tabelle zeigt, wie entscheidend die frühe Förderung der Intelligenz ist. Aber geistige Impulse allein genügen nicht. Wichtig sind auch Eigenschaften wie Ehrgeiz, Ausdauer, Leistungsmotivation, Lernenergie und emotionales Gleichgewicht. Diese Eigenschaften sind für den Schul- und Lebenserfolg wesentlicher als ein hoher Intelligenz-Quotient (IQ).

Viele Psychologen behaupten, daß Intelligenz in hohem Maße angeboren und erbbedingt ist. Dummheit ist für sie also Schicksal. Auch der Psychologe H. J. Eysenck gehört zu den Verfechtern der Erbtheorie. Er schrieb im Jahre 1972: »Es scheint so zu sein, daß von den Faktoren, die zu den individuellen Unterschieden in der Intelligenz beitragen, ungefähr 80 Prozent erblich sind, 20 Prozent umweltbedingt; mit anderen Worten, die Erbmasse ist viermal bedeutender als der Einfluß der Umwelt.«

Eysenck sagt zwar, daß es sich um eine Vermutung handelt; aber trotzdem werden viele Personen dieser Vermutung Glauben schenken, weil sie von einer anerkannten Kapazität ausgesprochen wird. Das hat wichtige Konsequenzen für das Verhalten von Eltern, Pädagogen und Politikern. Der Vererbungsglaube dient als Argument für ein ungerechtes, deklassierendes Schulsystem. Die »Klugen« dürfen aufs Gymnasium, die »Dummen« nicht. Die Vererbungstheorie führt zum Bildungspessimismus nach dem Motto: »Da nützt auch keine optimale Ausbildung etwas; dumm bleibt dumm, das ist ja vererbt, deshalb kann man da nichts machen.«

Kinder, über die dieses Urteil gefällt wird, sind in unserer Leistungsgesellschaft schwer gehandikapt. Sie müssen auf der Hauptschule bleiben und können nur noch über den mühsamen streßbeladenen zweiten Bildungsweg zu einer besseren Ausbildung kommen. Nur wenige bringen genügend Energie auf, um später noch zu beweisen, daß sie die »Dummheit« nicht geerbt haben.

Von wenigen Ausnahmen abgesehen (die Ausnahmen sind unter anderem organische Hirnschäden durch Entzündungen, Vergiftungen, Sauerstoffmangel oder Druck vor, während und nach der Geburt), bringen alle Menschen das gleiche geistige Rüstzeug für den Entwicklungsprozeß der Intelligenz mit. Theoretisch müßten also alle seelisch und körperlich gesunden Menschen den gleichen IQ haben. Das ist jedoch in Wirklichkeit nicht der Fall, wie die »Normalverteilung« auf Seite 117 zeigt, weil die Intelligenzentwicklung bei jedem Menschen anders (mehr oder weniger) gefördert wird.

Der Amerikaner J. Mc V. Hunt glaubt beispielsweise, daß die allgemeine Intelligenz der Menschen um etwa dreißig IQ-Punkte angehoben werden könnte – durch eine günstigere Gestaltung der frühkindlichen Umwelterfahrungen und Lernimpulse.

Genauso wie die Intelligenz entwickeln und entfalten sich auch die anderen menschlichen Eigenschaften wie zum Beispiel Kontaktbereitschaft, soziales Einfühlungsvermögen, Toleranz, Diplomatie, Aggression, um nur einen kleinen,

aber wichtigen Ausschnitt von Eigenschaften zu nennen. Sie werden gelernt und können von der Umwelt gefördert und angeregt werden.

Die Entstehung von Aggression

Als Menschenkenner sollten Sie wissen, wie Eigenschaften entstehen. Sie bilden sich im Laufe der Entwicklung durch die Einflüsse der Umwelt. Je nach der Art der Einflüsse im Leben eines Menschen prägt sich eine Eigenschaft stark oder schwach aus. Deshalb können Sie das Verhalten eines Menschen nur verstehen, wenn Sie seine Lebensgeschichte kennen.

Besonders interessant ist die Entstehung der Aggression. Viele Wissenschaftler glauben, daß sie zum Wesen des Menschen gehört, daß sie ein Trieb ist, mit dem der Mensch leben muß. Um

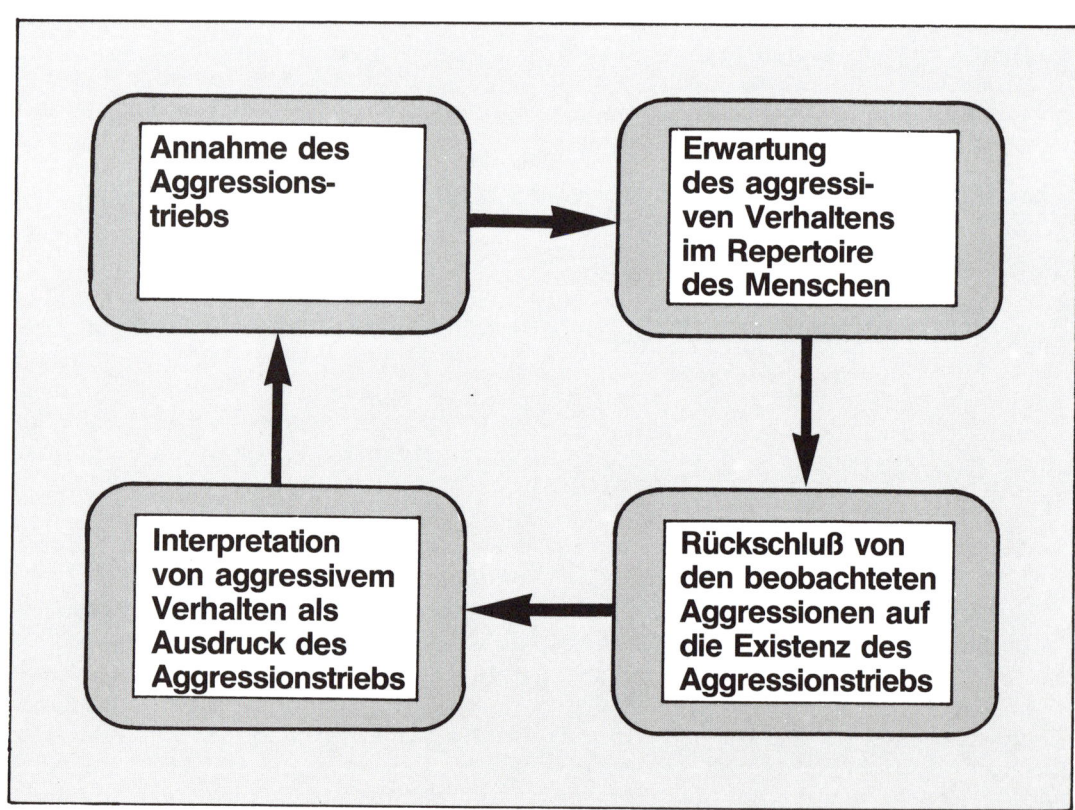

das zu beweisen, argumentieren sie jedoch mit einem Zirkelschluß.

Dieser Zirkelschluß ist nicht berechtigt. Es gibt viele Gründe dafür, daß aggressives Verhalten kein angeborener Trieb ist (siehe auch Seite 104), sondern gelernt wird wie jede andere menschliche Eigenschaft auch.

Das Prinzip von Erfolg und Mißerfolg

Aggressivität wird nach folgendem Prinzip gelernt: *Verhalten, das Erfolg bringt, wird wiederholt, Mißerfolge werden vermieden.*

Primäre Antriebe für die Aggressivität sind Hunger und Durst. Daneben existieren in unserer Zivilisation die wichtigeren, sekundären Motivationen: Streben nach Macht, Geltung und Besitz. Die Aggressivität wird als ein Mittel eingesetzt,

um die gewünschten egoistischen Zwecke zu erreichen.

Aggressives Verhalten führt oft zum Erfolg. Jedes Mittel, das zum Erfolg führt, wird aber in Zukunft häufiger eingesetzt. Dazu Wilfried Belschner in dem Buch »Zur Aggression verdammt?«: »Vermeidet eine Person prosoziale Verhaltenstendenzen und Verhaltenstypen und ist sie mit der aggressiven Erfolgserwartung und entsprechenden Verhaltensweisen erfolgreich, so werden diese bestätigt und bestärkt. Diese Person wird wahrscheinlich nie nachprüfen, ob sich durch die Anwendung einer prosozialen Verhaltenstendenz und Verhaltensweise ebenfalls ein Erfolg eingestellt hätte.« Die Aggression ist deshalb so häufig und verbreitet, weil ihre Wirkung für alle Beteiligten deutlich und sichtbar ist. Die Sozialpsychologen Baer, Harris, Patter-

Prügelnde Eltern steigern die Aggressivität ihres Kindes

121

son und Ebner konnten nachweisen, daß Jugendliche in Heimen durch antisoziales Verhalten mehr Aufmerksamkeit bei Kameraden auf sich ziehen als durch Anpassung.

Aggressionen entstehen nach dem Prinzip der Nachahmung und Identifikation

Aggressives Verhalten wird auch nach dem Prinzip der Nachahmung eines Vorbildes gelernt. Wichtige Identifikationspersonen sind Eltern, Freunde, Lehrer, Chefs, Comic- und Filmhelden.

Nach einer Untersuchung der amerikanischen Regierung nahm die Zahl der Fernsehsendungen mit gewalttätigem Inhalt zwischen 1954 und 1963 um 300 Prozent zu. Es ist eigenartig, daß die Massenmedien zeigen dürfen, wie ein Filmheld, mit dem sich viele identifizieren, einen Menschen zusammenschlägt oder tötet. Aber der unbekleidete menschliche Körper gilt als obszön, und gegen seine Abbildung wird von Zuschauern und Behörden protestiert.

Eine Untersuchung von P. Schönbach über die Auswirkungen eines James-Bond- und Mary-Poppins-Films zeigte, daß die Tendenz zu aggressiven Reaktionen nach dem James-Bond-Film stieg, aber durch den Mary-Poppins-Film auf dem Ausgangsniveau blieb.

Die Vermutung, daß aggressive Vorbilder in Film und Fernsehen das aggressive Verhalten anregen und fördern, ist mit hoher Wahrscheinlichkeit zutreffend. Es sollten also die Aggressionen vom Schirm verbannt werden (und nicht der nackte Körper).

Auch viele Eltern tragen dazu bei, die Aggressivität ihres Kindes zu fördern, wenn sie ihre Kinder schlagen. Das Kind erfährt auf diese Weise am eigenen Leib, daß mit Schlägen ein großer Effekt erzielt werden kann. Untersuchungen haben gezeigt, daß Kinder im Kindergarten um so aggressiver sind, je strenger sie von ihrer Mutter wegen aggressiven Verhaltens bestraft wurden.

Diesen Bumerang-Effekt der strengen Erziehung (mit körperlicher Bestrafung) zeigt auch der Vergleich von Straffälligen und Personen, die mit dem Gesetz nicht in Konflikt kamen. 67,8 Prozent Straffällige gaben an, daß sie vom Vater körperlich bestraft wurden, bei den Nichtdelinquenten waren es dagegen nur 34,7 Prozent.

Prügel ist also ein sehr schlechtes Erziehungsmittel, weil das erlebte aggressive Modell zur Nachahmung verführt. Aggression erzeugt weitere Aggression.

Wenn Sie einem aggressiven Menschen begegnen, wissen Sie jetzt, daß er seine Aggressivität gelernt hat. Meist wird sein aggressives Verhalten von spezifischen Situationen ausgelöst. Als guter Menschenkenner sollten Sie versuchen, die Signalreize für seine Aggressionen im Gespräch zu erforschen. Erst dann können Sie ihn verstehen und ihm in der richtigen Weise begegnen.

Kommentiertes Literaturverzeichnis

Die folgenden drei Fachbücher sind für eine weiterführende Lektüre besonders interessant, deshalb werden sie etwas ausführlicher kommentiert.

»Liebe und Haß«
von Irenäus Eibl-Eibesfeld

Der Verhaltensforscher Eibl-Eibesfeldt beschreibt in diesem Buch elementare tierische und menschliche Verhaltensweisen. Die zentralen Themen sind aggressive Impulse und die Neigung des Menschen zur Geselligkeit und zum mitmenschlichen Beistand. Das Buch ist leicht verständlich geschrieben und übersichtlich gegliedert. Das Wissen von den elementaren menschlichen Verhaltensweisen ist eine gute Grundlage für die Verbesserung der Menschenkenntnis.

»Gesicht und Seele«
von Philipp Lersch

Der Psychologe Philipp Lersch hat mit diesem Buch ein Standardwerk der Ausdruckskunde geschrieben. Es stellte die Grundlagen der Wissenschaft von der Mimik dar. Das Buch erschien 1931 zum ersten Mal im Münchener Ernst-Reinhardt-Verlag. Die Forschungsergebnisse von Lersch sind mit 191 kleinen Fotos im Anhang belegt. Wer die Grundlagen der Mimik intensiver studieren will, sollte dieses Fachbuch unbedingt lesen.

»Kleine Charakterkunde«
von Hubert Rohracher

Der österreichische Psychologe Hubert Rohracher gibt in diesem Buch eine detaillierte Darstellung über die Charakter- und Persönlichkeitsforschung. Er erklärt die einzelnen Typologien von E. Kretschmer, E. R. Jaensch, C. G. Jung, L. Klages und E. Spranger. Auch die Entwicklung der Persönlichkeit und verschiedene Persönlichkeits-Theorien werden in ihrer Problematik dargestellt. Das Buch von Rohracher eignet sich für Leser, die sich besonders für viele wissenschaftliche Informationen interessieren.

Literaturverzeichnis

ADLER, A.: *Menschenkenntnis.* Frankfurt 1983.

BERNE, E.: *Sprechstunden für die Seele.* Reinbek 1972.

BIRDWHISTELL, R. L.: *Introduction to Kinesics.* Louisville 1952.

BLUMENTHAL, E.: *Wege zur Inneren Freiheit.* Luzern 1981.

DIETRICH, K.: *Intelligenz läßt sich lernen.* Stuttgart 1973.

EHWALD, U., und LAUSTER, P.: *Signale in der Schrift.* Oldenburg 1971.

EIBL-EIBESFELDT, I.: *Liebe und Haß.* München 1982.

ESSEN, O. v.: *Grundbegriffe der Phonetik.* Berlin 1975.

EYSENCK, H. J.: *Intelligenz-Test.* Reinbek 1974.

FÄHRMANN, R.: *Die Deutung des Sprechausdrucks.* Bonn 1966.

FAST, J.: *Körpersprache.* Hamburg 1979.

FISCHER, R.: *Über die Geräuschhaftigkeit im Ausdruck der Sprechstimme.* Heidelberg 1960.

FREUD, A.: *Das Ich und die Abwehrmechanismen.* Frankfurt 1977.

FREUD, S.: *Drei Abhandlungen zur Sexualtheorie.* Frankfurt 1983.

HANDBUCH DER PSYCHOLOGIE: *Ausdruckspsychologie.* 5. Band. Göttingen 1972.

HERLAND, L.: *Gesicht und Charakter.* Zürich.

KLAGES, L.: *Grundlegung der Wissenschaft vom Ausdruck.* Bonn 1982.

KLOSS, G.: *Grundriß der Psychiatrie und Neurologie.* München 1972.

KÜNKEL, F.: *Die Arbeit am Charakter.* Konstanz 1980.

LAGACHE, D.: *Psychoanalyse.* München 1971.

LANGE, F.: *Die Sprache des menschlichen Antlitzes.* München 1939.

LAUSTER, P.: *Begabungstests.* Stuttgart 1970.

LAUSTER, P.: *Lassen Sie sich nichts gefallen.* Düsseldorf und Wien 1976.

LAUSTER, P.: *Lassen Sie der Seele Flügel wachsen.* Düsseldorf und Wien 1978.

LAUSTER, P.: *Die Liebe.* Düsseldorf und Wien 1980.

LAUSTER, P.: *Lebenskunst.* Düsseldorf und Wien 1982.

LAUSTER, P.: *Wege zur Gelassenheit.* Düsseldorf und Wien 1984.

LERSCH, PH.: *Gesicht und Seele.* München 1971.

LORENZ, K.: *Ganzheit und Teil in der tierischen und menschlichen Gemeinschaft.* 1950.

LORENZ, K.: *Das sogenannte Böse.* Wien 1974.

MOORE, R.: *Die Evolution.* Amsterdam 1969.

NEWMAN, K. M.: *Experimentelle Untersuchung über das Verhältnis der phänomental beurteilten Sprechgeschwindigkeit zur physikalisch gemessenen Sprechgeschwindigkeit.* Heidelberg 1957.

PULVER, M.: *Symbolik in der Handschrift.* Zürich, Leipzig 1940.

ROHRACHER, H.: *Charakterkunde.* München und Wien 1975.

ROTHACKER, E.: *Die Schichten der Persönlichkeit.* Bonn 1969.

SELG, H.: *Zur Aggression verdammt?* Stuttgart 1982.

TROJAN, F.: *Der Ausdruck von Stimme und Sprache.* Wien und Düsseldorf 1952.

Bildquellen

Arkana Verlag, Ulm, S. 71
Axel Arens, München, S. 19, 20, 21
Bavaria Verlag, Gauting, S. 100
Bildarchiv für Medizin, München, S. 85
Bunte-Sonderdruck: »Sind Sie ein guter Menschenkenner?«, Offenburg, S. 60
J. H. Darchinger, Bonn, S. 58
Deutsche Presse Agentur, Frankfurt, S. 42, 62, 63, 91, 104, 109
Deutsche Verlags-Anstalt, Stuttgart, S. 90
Walt Disney Productions, Frankfurt, S. 26
Prof. Eibl-Eibesfeldt, aus »Liebe und Haß«, R. Piper Verlag, München, S. 12, 13, 14, 15, 16, 17, 18, 24, 27, 61, 62, 63
Gruner & Jahr, München, 1972, S. 13
Fotoagentur Hartung, Saarbrücken, S. 56 unten rechts
Historia Foto, Bad Sachsa, S. 89
Horstmüller, Düsseldorf, S. 110, 111
Thomas Kortmann, Hamburg, S. 55
Bernd Kortner, Coburg, S. 101
Prof. Konrad Lorenz, Seewiesen, S. 25
Wolf D. Prange, Köln, S. 57
Ingo Röhrbein, Hamburg, S. 59 unten links
Richard Schulze-Vorberg, Bonn, S. 56 oben
J. Schumacher, Hamburg, S. 38, 39
Werner Schüring, Bonn, S. 59 unten rechts
Presseagentur Sven Simon, Köln, S. 59 oben
Staatsbibliothek Berlin, S. 91
Stalling Verlag, Oldenburg, S. 71
Stark-Otto, Berlin, S. 121
Teamfoto, München, S. 91
Ullstein Bilderdienst, Berlin, S. 105
Urban & Schwarzenberg, Wien, 1969, aus H. Rohracher, »Kleine Charakterkunde«, S. 29, 30
Agentur Wilkens, Hamburg, S. 37

Peter Lauster

Wege zur Gelassenheit

Die Kunst, souverän zu werden
208 Seiten, gebunden

In seinem neuen Buch zeigt Peter Lauster den Weg zur
inneren Gelassenheit und Ruhe. Teile des Textes sind
als Anregung zur Meditation, Besinnung und
Erkenntnis gedacht. Mit zahlreichen Fallbeispielen
macht er seelische Verkrampfungen deutlich
und gibt Empfehlungen, wie ein Leben in Gelöstheit,
Heiterkeit, Leichtigkeit und Harmonie verwirklicht
werden kann.

ECON Verlag, Postfach 30 03 21, 40403 Düsseldorf